AF453236

CONSEIL
SVR
LA QVESTION
D'VN ENFANT PVBERE
OV IMPVBERE AYANT PERE

OV MERE Catholiqve, DOIT
faire profession de la vie Monastique,
contre l'expresse volonté de son
Pere ou de sa Mere.

A PARIS,

Chez François Iacqvin, demeurant ruë des
Maçons, proche la Sorbonne.

M. DC. XXVI.
AVEC PRIVILEGE DV ROY.

CONSEIL
SVR LA QVESTION,
SI VN ENFANT PVBERE OV

IMPVBERE AYANT PERE OV MERE
Catholique, doit faire profeſſion de la vie
Monaſtique, contre l'expreſſe volonté de
ſon Pere ou de ſa Mere.

V I S qu'en toute queſtion propoſée
& ſur laquelle on demande Conſeil,
il faut ſçauoir le vray ſens des termes
eſquels elle eſt exprimée; affin d'euiter par celuy qui donne le conſeil tout
equiuoque, lequel donne touſiours
matiere de parler aux eſprits contentieux : Il eſt bon
d'examiner premierement les termes de céte cy : ores
qu'en la negatiue, elle ſoit ſi facile aux ames inſtrui-
tes en la vraye Doctrine Chreſtienne, enſeignée par
les anciens Docteurs, qu'il ſemble que celuy qui demande d'eſtre conſeillé, *non tam ad quæſtionem quàm
ad ædificationem illam propoſuiſſe videatur.* Auſſi n'eſt-
elle pas de celles que ie voudrois diſputer ſcholaſti-
quement comme celles que lon met ordinairement
en probleme, (cela ſeroit trop long pour mon loiſir) pour ce que le conſeil que lon me demande,
ne ſe doit pas tirer de la ſubtilité des Summiſtes : mais
de l'humble ſubmiſſion à l'obeiſſance des comman-

A

demens de Dieu, & par son commandement à ceux
d'vn bon pere & d'vne bonne mere : ains en donner simplement mon conseil conforme à la verité
selon le meilleur de mon ame, pour le contentement
de celuy qui m'en escrit, & donner conseil à celuy
qui m'en requiert. Car toutes ces disputes problema-
tiques sont bonnes à suspendre les esprits, ou à occu-
per ceux qui sont pleins de loisir, & non à resoudre
ceux qui sont en doubte.

On a premierement demandé, *s'il doit.* Ce que
i'entens, s'il peut ce faire. (c'est à dire se faire moine
contre la volonté de pere ou de mere) sans violer le
commandement de Dieu, d'honorer pere & mere,
sans contreuenir à la volonté de pere & de mere, qui
ne commandent point le peché, & sans abandonner
contre la charité Chrestienne le pere & la mere à leur
besoin : car vn enfant ne peut pouuoir à l'endroit de
ses pere & mere, que ce qui est de son deuoir. Ce
mot de pere ou de mere *pietatis, & potestatis appel-
latio est.*

Plus on a exprimé ce mot, *Enfant,* vray sembla-
blement pour y comprendre les fils & les filles, impuberes eu puberes : Car en céte question les vns & les
autres sont les enfans, ausquels le commandement
de Dieu est adressé. Aussi s'il estoit question seulement de ceux qui sont au dessous de l'aage de discre-
tion (laquelle on dit commencer à quatorze ans) la
question seroit bien facile. Toutesfois puis qu'il y va
de l'hôneur & de l'obeïssance deüe par l'expres commandement de Dieu, & de l'execution de la charité,
à laquelle les enfans sont obligez au pere & à la mere, il faut parler indistinctement de tous enfans, ausquels Dieu fait la grace de veoir la vieillesse de leurs
pere & mere, venerable en ses rides, tant desirée de

Tert. lib. de
Oratione.

beaucoup de gens, & non touſiours agreable à ceux qui y ſont tombez. Ce qui eſt d'autant plus à propos pour les Puberes, que les enfans en l'aage de leur puberté(qu'on appelle de diſcretiõ lors qu'ils ont moins de diſcretion) ſongent fort peu à l'aſſiſtance qu'ils doiuent à leurs peres, ou aux incommoditez & neceſſitez qui leur peuuent arriuer en leur prochaine vieilleſſe. Certes le boüillon de la ieuneſſe qui ſouſleue bien ſouuent de diuerſes paſſions les eſprits qui en ſont lors capables, iette ces conſiderations pour eſcume.

Et en parlant du pere & de la mere, il ne faut point auoir de reflexion aux peres ou meres payens, infideles ou heretiques, ou à vn pere ambitieux, auare, vitieux, qui n'a que de mauuaiſes conſiderations : Mais à vn bon pere qui ſe veut ſauuer auec ſon fils, & ſon fils auec luy, pourueu qu'il ne ſoit point abandonné de ſon fils en vne miſerable vieilleſſe à laquelle beaucoup de choſes peuuent defaillir : & abandonné de ſon propre fils, qu'il auoit eſleué & nourry pour ſa conſolation ; luy tirant céte triſte parole que diſoit le Roy Ezechias. *Ecce in pace amaritudo mea amariſſima.* Eſa cap. 38.

Puis il ſuit en cete propoſition, *ayant pere & mere,* (car l'exprez commandement d'honorer pere & mere, eſt commun au pere & à la mere) *Catholique.* Ce qui concerne la vraye & vnique Religion, laquelle ſeule conduit à ſalut: & eſt fort conſiderable pour reſpondre ſur cete queſtion. Car ſi le pere ou la mere n'eſtoient Catholiques, & qu'ils s'oppoſaſſent à la profeſſion de la religion Catholique, Apoſtolique & Romaine, neceſſaire de toute neceſſité à ſalut, puis que nous ne pouuons eſtre ſauuez qu'en IESVS-CHRIST, il n'y auroit point de difficulté: pour ce

que ne les point croire en cét endroit, & ne leur point
obeïr, c'eſt vne action de pieté. En quoy il ne faut
pas faillir auec ceux qui ont en la preſente queſtion
mis l'authorité des autres parens ou tuteurs au meſme
rang que celle du pere & de la mere : pource que la
ſeule conſideration du pere & de la mere oſte le doute de cete propoſition.

Donques, ce mot *Catholique*, qui regarde la religion, en vne queſtion laquelle concerne la profeſſion
de ceux qu'on appelle vulgairement Religieux, (duquel le preſent diſcours ne me permettra d'vſer, mais
de celuy qui eſt plus particulier) me fait dire ; qu'il faut
conſiderer ce mot, *Religion*, en deux façons.

L'vne, laquelle eſt plus generale, & qui regarde
tous les Chreſtiens Catholiques, eſt la religion, de laquelle tous ceux qui ſont regenerez par le Bapteſme,
& ſont demeurez en l'vnité de la religion Catholique, Apoſtolique & Romaine, obſeruant de tout
leur pouuoir les commandemens de Dieu, & de ſon
Egliſe, font profeſſion. Et céte-la eſt dite *à relegan-
do* : pource que nous y ſommes tous les vns comme
les autres obligez par les promeſſes de noſtre Bapteſme. Ou, comme a dit vn Payen *à relegendo. Qui enim
omnia, quæ ad cultum Deorum pertinent diligenter retra-
ctarent, & tanquam relegerant, ſunt dicti religioſi.* Car
ce qui eſt l'œil en l'œil, c'eſt à dire la prunelle de l'œil,
qui eſt l'œil de l'œil : Ce qui eſt l'ame au corps; ce qui
eſt le Soleil ſur la terre : Ce qui eſt la lumiere en la lam-
pe : Et ce qui eſt la raiſon en l'ame, la religion l'eſt en
nos entendemens. C'eſt la premiere, la plus noble, &
la meilleure entre toutes les vertus morales : pource
qu'elle produit ſes actes directement pour honorer
Dieu. Ce que ie ne dis point pour rendre ce mot *Religion* commun entre nous Chreſtiens & Catholi-

Cic.lib.1.De
nat. Deor.

ques, & les heretiques qui l'vsurpent volontiers pour
ce qu'il ne leur appartient pas : puis qu'où il y a des re-
ligions il n'y en a point.

L'autre, est le mot de religion duquel on vse ordinairement par emphase entre les Catholiques pour
exprimer la profession de la vie Monastique, qui contient les trois vœux essentiels d'icelle. Lequel mot signifie le continuel exercice de ceux qui ont esté heureux au lot de leur partage, & lesquels viuans dedans
la quint-essence de cete religion (dite *à reeligendo*) ne
souspirent point quand leurs derniers soupirs appro-
chent : que d'vn œil sec & asseuré œilladent le trespas
lors qu'il arriue : qui ne blemissent à iamais à l'abord
de ce funeste riuage. Ces naturels si dénaturez qui
caressent le tombeau de mesme que la vie, ce sont
ceux qui ont prins à ferme vne vie solitaire au prix
d'vne belle deuotion, pour euiter les occasions de
commettre les vices, lesquels les autres font gloire de
colleter, terracer & vaincre au milieu du monde,
pour faire les actes d'vn vray Chrestien. Ce sont ceux
qui estans entrez au Cloistre par vn zele bien conduit,
apres auoir obserué ce qui est prescrit à vn bon moine, mourant en l'estat qu'ils se sont promis, ont prins
le chemin pour estre des premiers au Ciel,lors que le
Sauueur (iugeant les hommes *cognitione cordium, non*   D. *Ambr.*
interrogatione factorum) fera les parts à ses esleus. Ce   *l.10.in Lu-*
sont ceux qui ayant conioint le martyre de la virgini-   *cam.*
té ou de la chasteté aux mes-aises soufferts pour l'honneur de Dieu,ont en leurs ames trauersé l'air,les cieux,
& les ordres de tous les Anges,pour trouuer à la dex-
tre de Dieu,l'exemplaire de la vie parfaicte, que le fils
de Dieu a apporté en terre,pourla proposer aux hommes , afin de l'imiter autant que faire ils peuuent,ou le
doiuent. En fin ce sont ceux que S. Augustin appelle

perfectos Chriſtianos (dont nous dirons quelque choſe cy apres) & S. Hieroſme, *faſtigium dignitatis.* Et ceux là nous les appellerons generalement Moines, qui eſt la plus belle de leurs qualitez.

Leſquels eloges de la vie Monaſtique i'ay icy couchés vn peu plus au long, non pour la recommander (car elle ſe recommande de ſoy-meſme) mais à ce qu'on ne me calomnie, ſi ie n'ay pas trouué bonne toute ſorte d'entrer au Cloiſtre pour y profeſſer. Car i'honore grandement ceux qui y entrent par la grande porte, & y montent par les grans degrez: C'eſt à dire, conduis du ſeul amour de Dieu, en l'obſeruance de ſes commandemens, & ſans contredit. Mais pour cela il ne faut laiſſer de prendre garde ; que toutes les fois que le mot de religion ſe trouue aux eſcrits des Docteurs, comme *abducere à religione,* il ne s'entend pas de la vie Monachale ſeulement, mais du chemin de ſalut, qui peut eſtre hors du cloiſtre.

On a adiouſté en cete queſtion, *contre la volonté expreſſe de ſes pere & mere.* Ce qui eſt à peſer. Car la queſtion ſeroit plus facile à reſoudre, ſi la profeſſion auoit eſté faite ſans la volonté du pere ou de la mere, & qu'il n'y auroit point eu de contradiction par ceux leſquels y ont tant de pouuoir, & qui l'auroient bien ſçeu. Pour ce que lors il faudroit parler de l'irritation des vœux & non pas traicter ſi on les doit faire ou non, qui eſt la queſtion propoſée.

Auſſi ne penſe-ie point, qu'au cas qui s'offre il y ait matiere de parler de l'irritation d'vn tel vœu. Pour ce qu'il n'eſt point à croire, qu'entre ceux qui ſeront bien inſtruis en la diſcipline de l'Egliſe, il ſe trouue des Superieurs de quelque cloiſtre que ce ſoit, qui vouluſſent admettre vn enfant à faire les vœux eſſentiels de la vie Monaſtique, contre la volonté expreſſe &

declarée du père ou de la mere. Ceſſant laquelle declaration ils pourroient de bonne foy preſumer, que
celuy qui ſe preſenteroit à faire ces vœux, y ſeroit conduit d'vn zele bien reglé pour les faire de la volonté
preſumée de ſes pere & mere: à fin qu'vn tant ſainſt
œuure fut fait parfaiſtement comme tous les œuures
de Dieu ſont parfaits.

Cela poſé, & que i'entens conſeiller la negatiue
(ſouz le iugement toutesfois de l'Egliſe) non pour
meſpriſer le Monachat, ou les vœux que font ceux
qui entrent deuëment dans les Cloiſtres: Mais pour
blaſmer l'ingrate deſ-obeïſſance au pere & à la mere: puis qu'en céte queſtion il va de choiſir dedans
vne difficulté preſente vne vacation laquelle eſt
ou doit eſtre auſſi longue que la vie de celuy qui la
choiſit, & preſumer le plus ſouuent proceder de l'inſpiration de Dieu, il faut diſcerner ſagement ce qui
pouſſe l'eſprit de celuy qui veut voüer. Car l'eſprit
de Dieu n'eſt pas dedans ces tourbillons de vent qui
pouſſent la ieuneſſe inconſiderées, ny au meſpris du
pere & de la mere Catholiques & craignans Dieu.
Leſquels vn enfant ne doit iamais regarder qu'auec
reſpeſt: il eſt dedans ce vent doux, paiſible & ſuaue
qui ſuit l'impetuoſité du premier vent. Et céte diſcretion ſe doit faire par le iugement des ſages qui y ont
pouuoir, comme ſont les pere & mere, & de gens
qui ne ſoient intereſſez en l'execution de céte reſolution, mais de ceux qui ont intereſt qu'elle ne ſe
preigne à leur preiudice; puis qu'ils y ſont fondez par
le commandement de Dieu & la diſcipline de l'E-
gliſe: ſe ſouuenant que quand on prend des medi-
camens mal preparez on en reçoit beaucoup de nui-
ſance. C'eſt grand cas (a dit vn bon Autheur) qu'il faut
tirer de toute vne nation vne douzaine d'hommes

pour iuger d'vn arpent de terre, mais le iugement de nos inclinations & de nos actions (la plus difficille & la plus importante matiere qui soit) *Vt sua cuique vita exca est)* nous la prenons en cét endroit ou de nous mesmes, ou de ceux qui nous tirent à eux, ou de ceux qui nous y poussent pour leur interest, ou bien souuent de nostre legereté au milieu du des-espoir de nos fautes passées, ou dés choleres dedans lesquelles nous sommes precipitez : a tout quoy lon pourroit trouuer remede dans la pieté paternelle, *quæ pro liberis consilium capit.* Car (comme nous dirons cy apres) il y a bien difference de resoudre si on se doit rendre Moine, ou de choisir, où on se doit rendre Moine.

La verité est, que cela peut ne point tomber en l'esprit d'aucuns qui prennent telles resolutions. Aussi nostre question n'est pas de sçauoir s'il est bon d'estre Moine, ce seroit demander si le Soleil luit en plein midy; ny si tous sont obligez d'estre Moines pour estre sauuez, cela seroit impertinent : Et si nous en parlons cy apres, ce ne sera qu'incidemment & pour instruction, pour laquelle on peut faire quelques digressions, pourueu qu'elles ne soient hors de propos : Mais elle est de sçauoir, Si vn enfant Pubere ou Impubere se doit rendre Moine, & faire les vœux essentiels au Monachat contre la volonté de son pere, ou de sa mere. Ie ne dis pas qu'il est question de sçauoir si le vœu fait par vn enfant impubere peut estre irrité, car il n'oblige point, mesme auec le consentement du pere ou de la mere : ny si le vœu fait par vn enfant au dessus l'aage de quatorze ans contre la volonté du pere ou de la mere peut estre irrité, (cela seroit hors de la question) mais s'il le doit faire le pere y contredisant ou la mere. Et s'il y doit sans peché estre

reçeu

reçeu par vn Superieur de religion ; qui est prendre l'a-
ction par son commencement, pour ce qu'il y a plusieurs bonnes actions en soy lesquelles se trouuent en
leur execution vicieuses ou defectueuses, pour auoir
esté mal commencées. Et il ne suffit pas de faire le
bien, mais il le faut bien faire. *Id enim solum|possumus,
quod recte possumus :* & la Sapience nous a dit. *Qui cu-
stodierint iusta iuste, iustificabuntur : & qui didicerint ista,
inuenient quid respondeant.*

Sap. cap. 6.

Doncques, puis qu'il est question de sçauoir si céte
action depend de la volonté du pere & de la mere, il
est bon de considerer, premierement quelle est la
puissance du pere ordonnée de Dieu sur les enfans,
puis (s'il y eschet) on la pourra aller chercher dedans
les constitutions politiques des Princes, & les opinions
des Iurisconsultes, encores qu'à mon aduis il se faille tenir aux commandemens du Decalogue, lesquels S.
Augustin a appellez *maiora præcepta Iustitiæ* ; & nous
sçauons tous, que ce sont les preceptes, qui sont im-
muables ; & à la loy que Dieu a donnée à son peuple,
puis qu'il s'agit d'vn acte concernant la religion. De
céte puissance attendu que le pere est la vraye image
de Dieu pere de toutes choses, duquel le Createur s'est
seruy pour donner la vie à ses enfans, & qu'il est (dit
S. Thomas) *particulare principium nostri esse,* on peut
dire, qu'elle est plus grande & plus establie que celle
du Prince sur ses sujets, du Magistrat sur ses cito-
yens, du Regent sur ses disciples, du Cappitaine
sur ses soldats, de l'Euesque sur son Clergé, de l'Abbé ou autre Superieur sur ses Moines ; voire que n'a
onques esté celle du Seigneur (introduite *in pœnam peccati*) sur ses esclaues : puisque le commandement de
Dieu d'honorer pere & mere & leur obeïr, estant le
dernier de la premiere table, ou selon les autres le pre-

*Lib. 1. de ser.
Domini in
monte.*

mier de la feconde, eft mis en cét ordre, pource qu'en la confideration du pere fe rencontrent les bornes & confins des deux effences immortelles & mortelles: afin de môftrer qu'il y a vne telle liaifon entre les chofes diuines & humaines, qu'en reuerant les diuines, il faut auffi faire eftat des humainés, & qu'honorant les humaines, il faut auffi refpecter les diuines. Bref qu'en feruant Dieu, il ne faut delaiffer fon pere ou fa mere, & qu'en feruant à fon pere il ne faut abandonner Dieu. Autrement, (c'eft à dire negliger l'vn & faire eftat de l'autre) c'eft vne action imparfaicte, qui decline à impieté ou à in humanité. Tout ce dernier propos eft de Philon Iuif, lequel eft confirmé par ce commandement que Dieu ordôna eftre publié à fon peuple. *Maudit foit celuy qui n'honorera fon pere & fa mere: & le peuple refpondit. Amen.* C'eft vn commandement de Dieu, l'accompliffement duquel porte fa benediction: le mefpris & la tranfgreffion la malediction du pere & de la mere, à laquelle eft coniointe celle de Dieu, quãd elle eft donnée felon fa permiffion: tefmoin celle de Noé donnée à Cain & à fa pofterité. Qui eft vne des raifons pour lefquelles les anciens Patriarches ont efté fi ialoux d'auoir la benediction de leurs peres, craignant plus leur malediction que la mort. Auquel propos Platon a dit: Qu'il faut bien prendre garde aux benedictions & maledictions que les peres donnent aux enfans: pource qu'il n'y a priere que Dieu plus volontiers exauce que celle du pere enuers fes enfans. Et au mefme endroit, ayant articulé les loix qui touchent l'honneur de Dieu, il dit que c'eft vne preface de la reuerence que l'enfant doit au pere, duquel (apres Dieu) il tient la vie, & tout ce qu'il a de beau & de meilleur. Cela foit dit, pour auoir autant d'efgard au dire de Platon qu'il peut auoir de confideration à regler vn acte

Au Traicté du Decalogue.
Deuter. 27.
Deuter. 11.

Genef. 7.

Aux liures des Loix.

vertueux en la Philofophie morale, mais commandé en la religion Chreftienne. Et fi lon dit que cete punition portée par la loy diuine, & les conftitutions humaines ne font plus en vfage, Ie refpons que le peché pour demeurer impuny ne laiffe pas d'eftre peché.

Or nous venons de voir les malediction que Dieu à données à ceux qui tranfgreffent ce commandemēt: & les benedictions font portées au mefme commandement du Decalogue. Car encores qu'il ne foit deu aucun loyer à celuy qui eft tenu de faire quelque chofe, mefme par obligation feellée du fceau de la nature, & fi eftroite comme eft le commandement de Dieu ; neantmoins felon la commune interpretation (pource que *nunquam obeditur fine operæ pretio*) il porte fon falaire, *afin que viuiez longuement fur la terre* : Mais comme nous voyons qu'il y en a beaucoup, lefquels meurent ieunes, encores qu'ils ayent toufiours obey à pere & à mere, & d'autres qui vieilliffent dedans le mefpris qu'ils ont fait de leur pere & de leur mere: ceux qui ont paffé plus auant en l'intelligence de ce precepte ont dit : Que comme par la loy de Dieu, celuy qui méprifera (ou maudira) pere ou mere mourra de mort ; & depuis le Sage a dit que les corbeaux du *Leuit.20.* torrent créueront l'œil de celuy qui fe moque de fon pere: l'Enfant qui contreuient à ce commandement *Prouerb. 30.* n'eft pas digne de viure fur la terre : car il eft enfant de *D.Thom. 2.2.* la mort; & pour ce il eft adioufté, *vt bene tibi fit* ; C'eft *q. 122. art.5.* pourquoy, s'il ne veut eftre effacé de la face de la ter- *Deut. c. 5.* re, il doit obferuer eftroittemēt ce commandement; Dont il y a vn bel exemple dans fainct Auguftin au li- *Aug. lib. 2.* ure de la Cité de Dieu. Et le Pape Nicolas efcriuoit à *De Ciuit. Dei* l'Empereur Michel. *Patres à filijs honorari non folum di- cap.7.* *uinis verum etiam humanis legibus præcipitur.* Or de vou- *In Epift. ad* loir reftraindre ce mot *honorare* à la feule nourriture en *Michaëlem.*

Chryfoftom.

cas de neceſſité, pour ce qu'en quelque endroit de l'eſcriture ce mot *honorare*, ſe prend pour *ſuſtentare*, ce ſeroit trop aneantir le commandement de Dieu : & authoriſer les enfans au meſpris de leurs pere & mere. Ce propos ſe rencontrera encores cy apres.

Auſſi eſt-il à noter ſur ce point, que le reſpect, l'hôneur & l'obeïſſance que Dieu commande porter au pere & à la mere, ne s'accomplit pas par de belles paroles, par des complimens exterieurs, par des ſimples proteſtations, & offres de ſubmiſſions : il conſiſte à obeir par effect à leurs commandemens, à les aſſiſter de toute ſorte d'aſſiſtance, qui eſt ou peut eſtre en la puiſſance des enfans : ne point faire ce qu'ils deffendent, ne ſe vouloir point monſtrer plus ſage que leurs conſeils, quelque ſageſſe que les enfans preſument auoir acquiſe, & ſuiure leurs volontez : ſouz la condition que nous dirons incontinent. Car l'amour des peres & des meres eſt ſi grand enuers les enfans, & l'obeïſſance deuë par les enfans fondée ſi expreſſement en la loy de Dieu, que la loy n'a iamais preſumé, qu'ils facent rien qu'au profit, honneur & ſalut de leurs en-

fans. C'eſt pourquoy l'ancienne façon des Romains eſtoit fort loüable, de ne receuoir iamais l'enfant à debatre la volonté du pere par voye d'action, ains ſeulement par voye de requeſte, & parlant du pere defunct en toute humilité, honneur & reuerence, laiſſer le tout à la diſcretion & religion des Iuges. *Vt etiam in bona cauſa, filij apud parentes eſſet humilis oratio*, diſoit Saluian. n'eſtant point raiſonnable d'eſgaler le deſir du fils à la volonté du pere : car (comme dit le commun) il y a plus d'enfans que de peres ou de meres. En cela il faut que les enfans conſiderĕt, que cőme l'amour du pere & de la mere deſcend touſiours (quel il eſt, il n'y a que les peres & les meres qui le ſçauent, les autres s'en

doiuent taire) l'honneur & le reſpect doit remonter.
Et ainſi que l'amour ne ſe peut payer que par vn
amour reciproque, qui eſt l'aſſeurance de l'affection
mutuelle, non plus que le triangle ne peut eſtre rem-
ply que d'vn triangle proportionné, puis que l'amour
des enfans ne peut eſgaler l'amour des peres. Dieu qui
eſt la ſageſſe meſme, & lequel *diſponit omnia ſuauiter,*
ne voulant point qu'on entre en religion par le meſpris de ſes commandemens, y a adiouſté le reſpect &
l'obeïſſance, afin de mettre (au plus pres) la balance à
l'egal ſelon ſon commandement. Ie dis cét expres cõmandement d'honneur & d'obeïſſance, *quod cadit ſub
neceßitate præcepti*, dit S. Thomas à ce meſme propos, 2. 2. quaſt.
& nous le dirons cy apres. Car chacun doit ſçauoir 189. ar. 6.
que la paternité eſt vn œuure de Dieu, l'obeïſſance du
fils au pere eſt commandée de Dieu; Noſtre Sauueur
IESVS-CHRIST l'a executée, & toute l'Egliſe l'a fort
recommandée: Et ſi auant recommandée, que quand
S. Ambroiſe a voulu grandement loüer la Roine du *Ambr. lib. de*
Ciel, la Vierge des Vierges, il a demandé, *Quando iſta Virgin.*
vel vultu laſit parentes? quando diſſenſit à propinquis?* Auſſi
eſt-ce vn argument par lequel Tertulien a prouué cõtre les heretiques, que IESVS-CHRIST n'eſtoit pas
le pere, pource qu'il auoit dit, qu'il ne faiſoit pas ſa volonté, mais celle de ſon pere. Et il peut eſtre, qu'en cete
meſme conſideration il a dit, que celuy qui n'honore *Lib. de pudi-*
ſon pere & ſa mere eſt pire qu'vn adultere, qu'vn ho- *citia.*
micide, & qu'vn latron.

Donques, puis que les effects de l'amour de Dieu
ſont au deuoir, & au cult; Et enuers le pere & la mere
en l'obeïſſance & en l'aſſiſtance: puis qu'en nos prin-
cipales actions nous ne deuons rien faire ſans leur conſeil: puis qu'il n'y a point de pretexte qui nous excuſe
de les aſſiſter & nous acquitter de l'obligation qu'ils

ont fur nous: Il y a de l'inhumanité (qui degenere, cōme nous auons dit apres Philon en impieté, en ce qui
concerne l'exprés commandement de Dieu)à faire ce
qu'ils nous ont deffendu, & ne pas faire ce qu'ils nous
commandent és chofes qui ne font point cōtre l'honneur de Dieu & la neceffité du falut; qui eft le poinct
de la prefente queftion.

Or nul ne dira que la profeffion des vœux de ceux
qui entrent aux cloiftres (bien que tres-vtile, pour les
aduantages qu'on en tire, Cottez par S. Bernard, & cō-
modes pour entrer en la voye de perfection) foit neceffaire à falut, & que fans icelle on delaiffe de fuiure
IESVS-CHRIST. Car ce feroit forclore de ce chemin tous ceux qui ne font pas Moines. Il la faut donc
tenir pour tres-vtile & tres-recommandable, mais in-
differente & de fimple confeil, puis qu'on peut faire
fon falut & fuiure IESVS-CHRIST dedans & dehors
les cloiftres. Ce qu'eftant, qui dira que pour entrer en
vn cloiftre (dedans lequel ne font point enfermez tous
les moyens de faire fon falut,) il faut qu'vn enfant qui
a pere & mere y entre *per pium fcelus* contreuenant à
fon efcient, à l'exprés commandement de Dieu, vio-
lant le droict naturel enuers fes pere ou mere, & faifant
ingratement vn œuure, lequel fait dedans l'obeïffance
des commandemens de Dieu, & le refpectueux deuoir
deu au pere & à la mere, eft fans doute le plus affeuré
& le meilleur chemin pour entrer en la voye de perfection, & l'acquerir, viuant comme vn bon & Religieux
Moine. Autrement, c'eft dénier ingratement ce qui
eft deu au pere pour fon amour, & bien fouuent l'efperance des meres en leur befoin (befoin qui comprend
tant de chofes, qu'il eft difficile de les preuoir) les affections defquelles font bien plus violentes, auffi font
elles plus affligées : pour ce qu'en ces occurrences el-

les se souuiennent du trauail de leur enfantemēt & des mes-aises qu'elles ont eu à esleuer leurs enfans, qui ne viennent point à leur cognoissance & consideration sinon quand ils sont en pareilles peines, pour esleuer ceux que Dieu leur a donnez. Si vous auez nourry vostre mere (dit S. Ambroise) vous ne luy auez pas recompensé les douleurs qu'elle a souffert pour vous, elle a ieuné pour vous, elle a māgé pour vous, pour vous elle n'a pas mangé ce qu'elle a desiré, elle a ploré pour vous, & comme dit Iob, *exceptus es suis genibus, lactatus vberibus,* & vous la laissez auoir besoin de vous! Ce qui s'entend (dit S. Thomas) de toute sorte d'assistance tant corporelle que spirituelle ; *mandatur enim & substentatio, & quicquid aliud parentibus debetur.* Et il le faut entendre tāt pour les pauures, que pour les riches. Car (pour laisser vne infinité d'exēples) qui eust iamais pensé, qu'vn tant riche Romain deust quelque iour auoir besoin du laict de sa fille pour le nourrir en la prison.

Amb. in Lucam cap. 18.

2.2.q.189. ar. 6.q.122.art.5.

Ainsi, c'est vn exprez commandement de Dieu premier & plus precix, que le conditionné (& neantmoins tres-vtile & tres-salutaire quand il n'y a point de resistance) conseil Euangelique, qui defend aux enfans de faire des vœux où les peres sont interessez contre leur volonté : duquel commandement qui se destourne, se destourne de la volonté de Dieu. *Si enim veritas est in præcepto, videtur omnino voluisse quod iussit :* au lieu que l'execution du conseil est en la volonté de celuy qui le suit. Et de ce commandement on peut dire, qu'il a esté precedé (quant à la publication) par l'obligation naturelle contractée entre le pere & les enfans ; obligation de recognoissance reciproque, de laquelle les enfans ne se peuuent iamais acquitter suffisamment, ny se descharger vallablement tant que le pere ou la mere demeurent en la crainte de Dieu,

Hug. de S. Vict. lib. 1. de sacram. fidei. par. 4. cap. 11.

& dedans la religion Catholique, Apoftolique & Romaine : Obligation des enfans qui eft auffi longue que la vie des peres & des meres, & l'acquit eft vn principal foin en la mort des enfans qui precedent: comme IEsvs-CHRIST qui en fes premiers ans s'eftant fouftrait vn peu de iours de fa mere, rendant l'efprit à Dieu fon pere la recommanda à fainct Iean. C'eft pourquoy S. Paul racontant les marques des méchans qui eftoient de fon temps, & remarquant à quoy on cognoiftroit les méchans qui paroiftront aux derniers temps, parle nommément de ceux qui n'obeïffent à leurs parens. Ce qui s'entend tousjours felon la reftriction precedente, quand ils ne commandent point quelque chofe contre Dieu. Laquelle ie m'eftonne qu'aucuns ont dit ne fe point eftendre en ce qui regarde l'ame: puisque l'obeïffance eft toute en l'ame. Et encores que la religion ne puiffe eftre commandee en l'interieur de l'ame, neantmoins l'obeïffance eft commandee en la religion.

Or deffendre par le pere ou la mere Catholique à fon enfant de ne point faire pendant leur vie, ou lors qu'il le demande, les vœux de Religion, qui luy oftent le moien de les affifter, pour des caufes qu'ils trouuent bonnes, (car à eux en appartient le jugement deuant tous autres) n'eft point contre le commandement de Dieu; & ne deftourne point le fils de fuiure IESVS-CHRIST. Il fe doit donc tenir dans le commandement d honorer pere, & mere, qui ne luy commandent rien, *contra Deum.* De cela il appert, pource que Dieu ne l'a point commandé; (car comme dit S. Thomas au lieu fus-allegué, *Ingredi religionem eft liberum voluntatis;* & vn autre Theologien a dit, que *votum eft voluntaria fponfio animi.*) Ores qu'il ayt confeillé de faire ce qu'aucuns Moines font loüablement en particulier, & non le

Conuent:

Conuent: & ce qu'ont fait plusieurs (qui ne sont point entrez aux Monasteres) pour viure pauures en leurs richesses, & nourrir les indigens pendant leurs vies: au lieu qu'aucuns Moines portent leurs esperances dans les cloistres pour donner à leurs parens *hæredes ignotos*; Autres laissent leurs biens à leurs parens, & non aux pauures, & autres se trouuent apres leur second baptesme estant Moines, plus riches qu'ils n'estoient estant seculiers, *Possident opes suo Christo paupere, quas sub locuplete diabolo non habuerant, suspiratq; eos Ecclesia diuites, quos tenuit mundus ante mendicos*, a dit S. Hierome. In Epitah. Nepotiani.

La prestation de ces vœux est telle, & le consentement de ceux qui ont autorité sur ceux qui promettent est tant necessaire, que par la loy de Dieu publiee par Moyse, le pere peut faire casser & annuller par son opposition le vœu fait par sa fille, & le mary celuy qui auroit esté fait par sa femme, contre la volonté du pere ou du mary. Ce qu'il ne faut pas restreindre aux fils ou filles impuberes, encores que le texte semble parler d'vne fillete. Car la fin du chapitre (pour ne point faire distinction de l'aage) adjouste; *ou tant qu'elle demeure en la maison de son pere.* Aussi quelle apparence y auroit-il de vouloir maintenant restreindre ce consentement necessaire du pere & de la mere aux enfans impuberes seulement, puisque la profession de tels vœux faite auant les ans de puberté, ne peut valoir, mesme auec le consentement des peres & meres, nonobstant lesquels ils sont capables de toutes successions? Et ailleurs ce consentement des peres & meres a esté jugé estre si necessaire, & auoir tant de pouuoir, que S. Gregoire escriuant à Augustin Euesque d'Angleterre a dit: Que si vn pere ou vne mere ont mis au cloistre leur fils ou leur fille impubere, il ne leur est pas loisible d'en sortir quand ils auront atteint l'aage de puberté. Tant il est deffendu Num. cap. 30. Can. firma 20 quæst. 1. Can. Adidistis. 20. q. 1.

C

de violer la volonté du pere & de la mere, mesme en l'a-
ction de voüer à leur prejudice; & tant elle y est neces-
faire. Sur quoy ie laisse les subtiles dictinctions de celles qui ont perseueré en leur aage de puberté, pource
que cela n'est pas nostre question. Mais il faut tenir pour
veritable, que la puissance du pere & de la mere comme
elle est commandee de Dieu, n'est bornee, ny par aage,
ny par dignité, ny par condition quelconque qui luy
puisse arriuer. Et Platon punit plus griéuement celuy
qui n'obeït à son pere en l'aage de trente ans, que celuy
qui luy des-obeït pendant sa minorité. Nous parlerons
cy-aprés de l'Episcopal.

Can. Mona-
chum 20.
quæst. 1.

Ie n'ignore point que, *Monachum aut paterna deuotio,*
aut propria professio facit. Mais comme le premier regarde l'autorité du pere, le second concerne le deuoir du
fils, lors qu'il est capable de demander le consentemēt
de son pere, puis comme le premier ne se peut faire, *sino*
filij spontanea professione; le second ne se doit executer,
sine patris consensu. Et combien qu'en vn Canon du
dixiesme Concile de Tollede, & vn autre du Concile

Can. 1. & 2.
20. quæst. 2.
Quo lib. 3. De-
creti.

de Tribut, raportez par Gratian, il semble que l'enfant
qui a passé quatorze ans, *sit liberatus à patris potestate,*
quantum ad religionis ingressum, a dit vne glose; Cela s'entend qu'apres quatorze ans le pere ne peut plus, *filios*
tradere religioni, qui estoit vn grand pouuoir au pere, &
vne grande subiection au fils, comme nous auons dit
cy-deuant: *Et in eo filij sunt liberi à patria potestate.* C'est
en cela qu'il faut discerner, ce qui est inseré en ce Canon du decret du Concile, d'auec ce qui y a esté adjousté. Mais il n'est pas dit, qu'apres quatorze ans ils ne sont
plus obligez au commandement de Dieu, d'honorer &
obeïr à pere & à mere; ou qu'il leur soit permis de les
abandonner sous pretexte de deuotion, ny disposer de
leur personne à leur volonté. Car nul ne dira qu'vn en-

fant de famille, tel qu'eſt vn fils, meſme apres l'aage de quatorze ans, puiſſe diſpoſer de ſa perſonne au prejudice de ſes pere & mere, quand il ne peut pas diſpoſer de ſes biens, ſinon en la forme permiſe, quand la profeſſion eſt bonne en toutes ſes circonſtances. Et des moyens de ſortir de la puiſſáce paternelle (qui ſont notoires à ceux qui ſçauent quelque choſe) nous en parlerons vn peu cy-apres : pource que c'eſt vn poinct fort conſiderable en cete queſtion; auſſi eſt-ce vn doux joug, qu'il ne faut pas aiſement ſecoüer. *Poteſtas enim patris* (dit vn Iuriſ-conſulte) *inæſtimabilis eſt.*

L. *Filius fa-*
milias 114. D.
de legat. 1.

Puis noſtre queſtion n'eſt pas de ſçauoir, ſi par les diſpoſitions Canoniques (qui ont des conſideratiós diuerſes) le pere peut irriter le vœu fait à ſon prejudice par ſon fils apres quatorze ans, *aut ex temeritate, aut ex leuitate,* dit la Decretale; & ce en vne action en laquelle, *non eſt emendabilis error :* Mais, ſi ce fils doit faire ce vœu contre la volonté de ſon pere apres quatorze ans, & ſi le faiſant, il offence contre le commandement de Dieu, & la charité Chreſtienne, quand le pere eſt Catholique, & qu'il eſt preſt de cooperer au ſalut de ſon fils, ſans s'obliger aux vœux eſſentiels de la vie monaſtique; *Ne filius accedat maligné ad Dominum,* a dit l'Eccleſiaſtic.

Cap. Licet.
De Regul. &
trans. ad reli-
gionem.

Cela ſe connoiſtra mieux par la lecture du Decret du Concile de Gangre, qui porte. *Quicumq; filij à parentibus prætextu diuini cultus abſcedunt; nec debitam reuerentiam dependunt illis, qui diuinum cultum ſibi procul-dubio præferunt; anathema ſint.* Lequel, Gratian a inſeré en ſon Decret en ces termes. *Si qui filij parentes maximè fideles deſeruerunt occaſione Dei cultus; & non potius debitum honorem parentibus reddiderint, Vt hoc ipſum in eis Venerentur quod fideles ſint; Anathema ſit.* Lequel Canon (pource qu'on me dit, que cete queſtion eſt

Concil. Gan-
grenſ. Can.
16.

Can. ſi qui fi-
lij. Diſt. 30.

proposee pour aider vn fils à se resoudre sur le deuoir dont il est tenu enuers sa mere) ie veux tourner en Frãçois. *Si quelques enfans ayant pensé, que ce fut chose iuste, ont delaissé leurs pere & mere sous pretexte de seruir à Dieu; plustost que leur rendre l'honneur qui leur est deu en reuerence qu'ils sont fidelles, qu'il soit anatheme.* Ce Concile Prouincial a esté confirmé par le sixiesme Concile general de Constantinople, tenu *in Trullo* : Où il faut noter ces mots, *mesme fidelles.* Ce que Zonare exposant, & apres luy Balsamo, disent : Que le seul cas auquel il est permis à vn enfant de des-obeir à pere, & à mere, est, où ils voudroient contraindre leurs enfans à l'infidelité, ou aux heresies. Mais le pere qui desire que son fils (pour ne point perdre son assistance) fasse son salut dedans le monde, au moins attendant son decez, n'est point pour cela heretique.

Si lon dit, que le Canon ne parle precisement de ceux qui quittent pere ou mere pour entrer au cloistre: Ie respons, qu'il faut considerer le temps que ce Concile a esté tenu. Mais, soit dedans, soit dehors le cloistre: le commandement de Dieu est violé en ce faisant, & le pere & la mere sont abandonnés. Or, (comme Gratian fait parler S. Gregoire.) *Non loca, vel ordines creatori nostro nos proximos faciunt : sed nos aut merita bona ei coniungunt, aut mala disiungunt.* Et S. Augustin escriuant à Vincent le Donatiste, dit, que le peché peut entrer dans le cloistre. *Simpliciter autem fateor charitati vestræ coram Domino Deo nostro, qui est testis mihi super animam meam; ex quo Deo seruire cœpi: quoniam sicut difficile sum expertus meliores, quàm qui in monasterio profecerunt, ita non sum deteriores expertus, quàm qui in monasterio defecerunt.* Il faudroit donc sçauoir, si le Monachisme (qui apporte de grandes graces & de grands priuileges) dispense d'obeir au commãdement de Dieu, deuant que se dispéser

du commandement de Dieu, par les vœux qui se font
entrant au Monachisme.

Céte sage consideration en vne chose tant importâte
comme sont les vœux qui se fôt à Dieu; & encores ceux
lesquels entre les Chrestiens sont perpetuels, & ausquels
l'interest du pere est attaché, a passé iusques aux anciens
Iurisconsultes, quoy que Payens. Car Vlpian a dit : *Voto* *L.2.§.voto.D.*
autem patres familias obligantur, puberes sui iuris: filius enim *D. polluit.*
familias vel seruus sine patris, dominiue autoritate, voto non
obligatur. Mesme du droit des Empereurs, il n'estoit pas
permis de receuoir vn esclaue pour estre Moine só maistre le consentant, si premieremét le maistre ne lui auoit
donné liberté: à laquelle nous pouuons raporter l'emã-
cipation du fils de famille, pour le rédre capable de disposer de sa personne : laquelle ne s'acquiert point pour
auoir atteint l'aage de quatorze, ou de seize ans, qui est
l'âge prescrit par le S. Concile de Trente, auquel vn en- *Seff. 25. Ref.*
fant est declaré capable de professer les vœux essentiels *cap. 15.*
au Monachat. Car le Canon du Concile de Trente, le-
quel irrite la profession faite auant auoir accompli l'âge
de seize ans, ne dit pas qu'apres seize ans on la peut faire
contre l'expresse volonté de pere & de mere.

Si on replique, que le Concile de Trente n'a point
irrité la profession faite par vn fils contre la volonté de
pere ou de mere: Ie respons, qu'ainsi cet ancien Legisla-
teur n'ordonna point de punition contre les parricides,
pource qu'il n'auoit point pensé, que cela peut arriuer.
Mais le Concile a bien cómandé aux Euesques ou leurs *Ibid. cap. 17.*
Vicaires, de s'enquerir diligemment des filles qui veulent faire profession, si elles sçauent bié ce qu'elles font.
Car vn enfant en quelque aage que ce soit, qui veut faire
profession des vœux Monastiques contre la volonté de
pere & de mere, ne sçait pas ce qu'il veut, & ce qu'il fait.
Et pour sçauoir bien faire vn tant bon œuure, il ne peut

prendre vn bon aduis ailleurs, que de ſes pere & mere: *Pater filijs notam faciet veritatem ſuam*, Diſoit le Roy Ezechias. Et tout cela n'eſt point contre la dignité de la vie Monaſtique, quand elle eſt bien commencée. Retournant à la comparaiſon que i'ay faicte de la puiſſance du pere ſur ſes enfans, & de l'obeïſſance qu'ils luy doiuent, laquelle eſt de droit diuin: auec celle du Maiſtre ſur ſes eſclaues, introduite du droict des Gens, ou (pour parler plus Chreſtiennement) *in pœnam peccati*: Afin qu'en vne choſe tant religieuſe comme eſt le vœu Monachal, lequel vne ame Chreſtienne fait, non de ſes biens ou de ſes richeſſes, mais de ſa perſonne, nous ne prenions nos reſolutions des Iuriſconſultes payens, mais des conſtitutions Eccleſiaſtiques : Ie raporteray ce que Gratian a tiré du meſme Concile de Gangre tenu en Paphlagonie en l'an 324. *Si quis ſeruum alienum occaſione religionis docet Dominum ſuum contemnere, & eius miniſterium deſtituere, ac non potius docuerit eum ſuo Domino bona fide, & cum omni honorificentia deſeruire, anathema ſit.* Où vn ſçauant Gloſateur a adjouſté ſur le mot docuerit, *vel non ſuadendo contrarium, tenetur de ſeruo corrupto.* Ce qui fut encores ordonné au meſme temps au premier Concile tenu à Orleans, *præſide Epiſcopo Martino,* (encores que Gratian au Canon ſuiuant le raporte au Pape Martin)en ces termes. *Si quis ſeruum alienum cauſa religionis doceat contemnere dominum ſuum, & recedere à ſeruitio eius, duriſsima in omnibus arguatur.* Et auant tous ceux là, par le 81. Canon des Apoſtres, en ces termes : *Serui ſi in Clerum citra dominorum voluntatem recipiantur, hoc ipſum operatur redhibitionem. Si quando verò ſeruus quoque ordinatione dignus videatur, qualis & noſter Oneſimus apparuit, & Domini conſenſerint, manuque miſerint, & domo ſua ablegarint, efficiter.* C'eſt encores, ce qui fut ordonné par le Concile de

Eſa.cap.38.

Can. ſi quis ſeruum. & Can. ſeq. xy. queſt. 4.17

L. Serui corrupti. D. De ſer. corrupt.

Mayence. *Vt nullus tondeatur sine legitima ætate, & spon-* Can. 23.
tanea voluntate, vel cum licentia Domini sui.

Ie sçay ce que Iustinian a depuis ordonné sur cete matiere en faueur de la religion Chrestienne, & la distinction qu'a fait S. Thomas entre le fils de famille & l'esclaue, laquelle est fort considerable parlant de la seruitude qui a esté introduite par le droit des Gens, apres laquelle vn homme peut bien estre *libertus*, & jamais *ingenuus* : Mais non quand il est question de l'exprés commandement de Dieu, auquel chacun est également tenu ; & ne se doit pas la contrauention à iceluy mesurer par les loix Polytiques de Iustinian, dont nous parlerons cy-apres : ains par la doctrine Chrestienne de l'Eglise, & la consideration, qu'vn pere est bien plus interessé perdant l'assistance de son fils, qu'vn maistre perdant le prix de son esclaue.

Passant plus outre sur ce propos, aux loix faites par nos Empereurs Roys tres-Chrestiens, lors qu'ils dominoient presque toute l'Europe. Voicy l'ordonnance de Charlemagne tiree du 16. Canon du Concile d'Afrique, & de Loüis le Debonnaire son fils. *Ne pueri sine* Cap. 95. 101. & 109. Legis Francica.
voluntate parentum tonsurentur, vel puellæ velentur modis omnibus prohibitum est. Et qui hoc facere tentauerit, mulctam, quæ in capitulo legis mundanæ à nobis constitutæ continetur, persoluere cogatur.

Et ne faut pas dire, que ce mot *pueri*, soit restreint aux impuberes, ains considerer en quel aage Hieremie a dit, *puer ego sum.* Car (outre que nous auons dit, que maintenant la profession des impuberes ne vaut rien, mesme auec le consentement de leurs peres : & que l'oblation que les peres faisoient de leurs enfans est hors d'vsage) si cete profession est par cete loy des Empereurs rejettee & defendue pour le defaut de la volonté du pere, il eſt certain que le fils qui a atteint les ans de puberté, ne doit moins d'honneur, de reſpeĉt & d'obeïſſance à ſon pere & à ſa mere, que l'impubere. Et cete aĉtion ne ſe doit pas regler par la preſomption du fils, mais par la ſageſſe du pere. Auſſi, par cete conſtitution la profeſſion eſt improuuee, non par le defaut de la diſcretion de celuy qui entre au cloiſtre (car diſent nos Doĉteurs, il y a tel, lequel a plus de diſcretion a huiĉt ans qu'vn autre à ſeize) mais pour le defaut de la volonté du pere, venerable à toutes les nations qui connoiſſent Dieu, laquelle doit eſtre conjointe au deſir du fils. Pource que les pere & mere ont ſans ſe departir de l'amour de Dieu, leurs conſiderations pour le bien de leurs enfans, la conſeruation de leur autorité, puis du beſoin qu'ils en ont. Et la Loy eſt generale à tous les enfans d'obeir à leurs peres, qui ne commandent point le peché, laquelle (comme diſent aucuns) ſi on ne veut point eſtendre en ce qui eſt de l'ame, il faut que ces gens là s'expliquent: car l'obeïſſance eſt toute en l'ame.

De cela il appert par la diſpoſition des decrets de l'Egliſe; (qui n'a pas tousjours pourueu à cet aĉte d'ingratitude, que lon ne preſume pas volontiers) car ils portent bien que l'impubere ne peut valablement faire vœu ſans la volonté du pere; mais ils ne diſent pas, que le pubere capable de ſçauoir l'honneur qu'il doit à ſon pere, doit profeſſer contre la volonté de ſon pere: Ains ſeulement, que le pubere peut auec la volonté de ſon pere faire ce que l'impubere ne peut auec la meſme volonté. C'eſt le ſens du Canon *Puella* tiré du Concile de Tribut, lequel s'il oſte le pouuoir au pere d'irriter le vœu de ſa fille pubere, ne diſpence pas les enfans de l'obeyſſance, que Dieu leur a commandé porter à leurs pere & mere.

Et a

Et a passé cete pieuse resolution si auant dedans l'esprit de la sagesse qui conduit les affaires du monde selon l'esprit de Dieu & de la Iustice, qu'anciennement le tuteur ne pouuoit pas changer la condition de son pupille, *vt caput liberum fidei suæ commissum alienæ ditioni subijceret.* Et en quelques coustumes, entre les anciens Gaulois comme en celle de Tournay il a fallu faire vne article pour dire que la femme mariée est en la puissance de son mary, & non de son pere. C'est pourquoy en autres coustumes (comme en celle de Cassel en Flādre homologuée en l'ā 1534.) telle professiō ne peut estre soufferte ou authorisée par vn tuteur. Car apres la tutelle finie *celuy qui aura eu le bail, sera tenu d'amener ledit enfant en la Cour quād il sera aranné, & illec le deliurer hors de debtes, hors lien de mariage & de religiōs.* Cete doctrine est rapportée par le Charon, & Choppin sur la Coustume de Paris, & encores par Claude d'Espence au 4. liure *De continentia,* & assez d'autres: comme sainct Bazile qui a estably la vie Monastique en Orient, lequel improuue égallement les vœux & promesses de ceux qui sont mariez & de ceux qui sont encores en puissance de pere ou de mere. Et S. Benoist en vn article de sa regle, qui porte: Si l'ēfant est mineur que ses pere & mere demādent place de religieux pour luy. Non que ie vueille trouuer bon, que les enfans ayās attaint l'aage de minorité *etiam sui iuris effecti,* doiuent faire les vœux de religion contre la volonté du pere ou de la mere. Car ils peuuent bien disposer de leurs biens apres leurs debtes payées, mais non de leurs personnes au preiudice du pere & de la mere, enuers lesquels ils sont plus obligez de leur assistance, qu'ils ne sont de satisfaire à leurs debtes. En ce faisant ce seroit les obliger de satisfaire à leurs creanciers, comme il est raisonnable, & les dispenser du plus necessaire qui est

D

In serm. De renuntiat. vi ta huius & perfect. spirit.

Reg. D. Benedicti cap. 59.

l'affiſtance qu'ils doiuent à leur pere & mere en leur
aage auancé, lors qu'ils en ont le plus de beſoin.

Ie ſçay bien qu'aucuns ont eſté d'aduis, que le fils
qui veut faire les vœux accouſtumez entrant en vn
cloiſtre, peut ſatisfaire au deuoir qu'il doit à ſes pere &
mere, leur faiſant entendre ſon deſſein, fondé ſur ce
qu'il croit, qu'il eſt inſpiré de Dieu de ce faire, les priãt
d'y apporter leur conſentement : Mais, il me ſemble,
(parlant auec le reſpeʧ que ie dois à l'Egliſe) comme il
ſemble à beaucoup d'autres, que cela n'eſt pas ſatisfaire au commandement de Dieu. C'eſt par le fils ſom-
mer & interpeller ſon pere ou ſa mere de ſe conformer à ſa volonté à peine d'eſtre meſpriſé, & le faire
malgré eux, & non pas luy obeïr, ſelon la croyance
qu'il doit auoir, que ſon pere & ſa mere, ſont plus ſages
que luy. Auſſi l'effeʧt de céte ſommation eſt le meſpris du pere ; & la contrauention au commandement
de Dieu. C'eſt pourquoy vn bon Theologien a mis les
vœux qui ſe font de céte façon, *inter ſtultorum vota,*
qu'il dit eſtre *omnia quæ mala ſunt, vel ſi mala non ſunt,*
ordinata tamen non ſunt : & maius malum eſt quod eſt ex
eis, quàm bonum quod eſt in eis. Il donne pour exemple
le mary ou la femme qui vouent continence ſans leur
mutuel conſentement ; ou le ſujet qui voüe contre la
volonté de ſon ſuperieur. Quant au premier, ce vœu
eſt improuué à cauſe que la promeſſe reciproque du
mary & de la femme eſt violée ; & pour les inconueniens qui en peuuent arriuer. Mais n'eſt-ce pas vne
choſe à regreter de voir violer par le fils l'obligation
qu'il a enuers ſon pere : Et n'eſt-ce pas vn grand inconuenient de voir vn pere reduit a céte miſere ; qu'en ſa
vieilleſſe, accablé de mil incommoditez & neceſſitez
preſentes, & qui luy peuuẽt ſuruenir, leſquelles il auoit
ſagement preueuës; eſtre abandonné de ſes enfans pro-

pres, qui poſsible ne veulent pas patir auec luy, afin de dire auec Iob, *& neceſſarij quoque mei receſſerunt à me.*

Or, ie croy, que chacun demeurera d'accord de ce que nous auons dit cy deuant: qu'entre les superioritez temporelles, il n'y en a point de mieux fondée, plus reſpectueuſe, & plus obligeante, que celle de l'enfant enuers ſes pere & mere; puis que comme le premier commandement de la premiere table regarde noſtre pere eternel, ainſi le premier de la seconde table regarde noſtre pere temporel. *Paternitas enim hominis Sacramentum eſt, & imago diuinæ paternitatis.* Et au chapitre ſuiuant, il dit fort bien. *Honora principium tuum, vt vitam longæuam habere poſsis: quia qui non honorat eum à quo eſt, dignus eſt, vt retinere non poſsit id quod eſt.* Ie ne puis que ie n'adiouſte icy au long ce qu'a dit à ce propos ce ſage preſcheur Eccleſiaſtique, pour ce que ie ſoubçonne, que c'eſt ſur cela que ce grand Theologien a formé cete belle doctrine. *Iudicium patris audite filij dilecti, & ſic facite vt ſalui ſitis. Deus enim honorauit patrem in filijs, & iudicium matris exquirens firmauit filios. Et ſicut qui theſauriſat, ita & qui honorificat matrem ſuam. Qui honorat patrem ſuum, iucundabitur in filijs, & in die orationis ſuæ exaudietur: Qui honorat patrem ſuum vita viuet longiore, & qui obedit patri refrigerabit matrem. Qui timet dominum honorat parentes, & quaſi Dominis ſeruiet his qui ſe genuerunt. In opere & ſermone; & omni patientia honora patrem tuam, vt ſuperueniat tibi benedictio à Deo, & benedictio illius in nouiſsimo maneat. Benedictio patris firmat domos filiorum, maledictio autem matris eradicat fundamenta. Fili, ſuſcipe ſenectam patris tui, & non contriſtes eum in vita illius; & ſi defecerit ſenſu veniam da, & ne ſpernes eum in virtute tua: eleemoſyna enim patris non erit in obliuione. Quam malæ famæ eſt qui derelinquit patrem; &*

D ij

Idem Hugo à S. Victore loco citato.

Eccleſiaſt. cap. 3.

eſt maledictus à Deo, qui exaſperat matrem. Toutes ces admonitions ſont repetées en vn meſme endroit, pour faire entẽdre aux enfans en quelque âge qu'ils ſe trouuent, l'honeur & l'obeïſſance qu'ils doiuent à leurs pere & mere. Obeïſſance qui eſt tant preciſe, que toutes les obeïſſances tẽporelles qui nous ſont eniointes, ſont compriſes ſoubs ce nom de pere. Ainſi on appelle le Pape chef de l'Egliſe *Patrem Patrum:* ainſi les Eueſques ont le nom d'eſtre les peres de leur peuple, pour cela, les moines appellent leurs Abbez, & leurs Superieurs, leurs Peres: & les bons Rois ſont appellez les Peres du peuple: ſans faire tort à noſtre pere commun qui eſt au Ciel. Et ce pour ce qu'on n'a peu trouuer vn nom plus beau & qui mieux explique leur puiſſance, & l'obeïſſance qu'on leur doit. C'eſt pourquoy N. S. nous voulant enſeigner comme nous deuons prier, a commencé *Pater noſter.* Et ne l'a pas dit pour inferer, qu'il falloit renier noſtre pere temporel, mais pour recognoiſtre noſtre Createur. Auſſi n'a-il pas refuſé celuy qui ſorty de la ville de Capharnaum l'eſtoit venu prier pour la ſanté de ſon fils, & ne luy a pas dit, que ſon fils n'auoit autre pere que celuy qui eſt au Ciel.

Ie ſçay encores, que lon dit: Que ce ſeroit vne choſe dure ſi le fils deſirant choiſir la voye la plus courte & probablemẽt la plus facile & aſſeurée, eſtoit en l'execution de ce pieux deſſein empeſché par la volõté mal reglée d'vn pere ou d'vne mere. Sur ce mon aduis eſt: qu'il faut ſagement diſcerner cete nſpiratiõ, & les cauſes de ce mouuement, auant que iuger que le refus du pere ou de la mere ſoit vne choſe dure. Car ſi hors les conſiderations de tant de paſſions humaines qui peuuent interuenir) elle vient de Dieu, on doit eſperer, que (comme Dieu fait, ainſi que i'ay dit, toutes ſes actions parfaictement) il inſpirera le pere Chreſtien & Catholique de cõsentir à ce qu'il aura inspiré au fils, afin de rendre parfaite vne action qui tend à la perfection, & que c'est vn bon heur au pere, quand par son aduis & consentement le fils deuient vn bon Moine. Aussi n'y a-il point de peril en ce delay, puis que pendant iceluy le fils n'est point hors la voye de salut, dont nous parlerons de rechef en quelque endroit.

Mais, n'est-ce pas vne chose fort dure de voir, que pour l'opinion d'vn fils ou d'vne fille ieunes, que leur salut depēd de se faire Moine, vn pere ou vne mere anciēs apres que (possible pour le respect de leurs enfans ils seront demeurez vingt ou trente ans en viduité, depuis accablez d'affaires & de tant d'incõmoditez aussi pressantes aux riches, que la mendicité est aux pauures, soient mesprisez & abandonnez de leurs enfans, (esquels ils auoiēt mis en ce mõde le tresor de leurs esperances) à la mercy de leurs ennemis, *quia fingũt laborem in præcepto*, & qu'ils ne prenoient pas le regret qui les suiura, voyant *matrem ætate longæuam, studio religiosam, solatio destitutam, quæ tunc temporis* Lib. 5. De *quando vel iuuanda, vel alenda foret validæ prolis auxilio, abesse fide. sibi liberos patitur.* Disoit S. Ambroise. Sevoir encores malgré eux arracher les entrailles pour ne leur laisser que des regrets d'auoir eu des enfans: *postquam inter hostium manus, & captiuitatis duram necessitatem, nihil crudelius est quàm parentes à liberis separari*, a dit S. Hierosme. Ce que ie dis supposant tousiours (comme lon doit) que la raison accompagnant la sagesse laquelle croist en la vieillesse est du cõsté des peres : Dieu ayant le soin des peres, & des enfans qui se peuuent sauuer sans estre moines contre la volonté de leurs peres ; puis qu'à l'execution du conseil il n'y a point d'obligation, & que le moyē de regler la ieunesse, est l'execution des commandemens qu'on luy fait, quand ils font conformes aux commandemens de Dieu. C'est l'instruction que Tobie donnoit à son fils parlant de Dieu.

In mẽte habeto eum, & caue nequando pratermittas pracepta eius.
Ce que ie viens de dire, *des enfans qui se peuuent sauuer sans
estre moines,* se discutera ailleurs.

Il est donc(en ce cas)du deuoir du fils & de la fille, de
prier Dieu, qu'il vueille inspirer leurs pere & mere de
vouloir cõsentir à leur professiõ:Cependant en se maintenant en l'amour de Dieu,auoir patiẽce,& d'vne obeïssance aueugle se conformer à leurs volontez, pluftoft
qu'en vne mesme action violer l'expres cõmandement
de Dieu,& perdre le respect enuers le pere qui ne commande rien contre Dieu. Et là est le poinct de cete que-
ftion:C'est pourquoy ie le repete souuent ;y adiouftant,
que l'obeïssance deuë par les enfans à leurs pere & mere
ne se doit pas seulement apprendre dedans le liure de la
nature,mais dedans les commandemens de Dieu.

C'est bien chose veritable,que Dieu peut estre mieux
serui en vn endroit qu'en l'autre;& plus ayfement, (c'est
à dire auec moins de diftraction procedantes des obiets)
par ceux qui font en vn cloiftre, que par ceux, lesquels
eftãt au monde,combatent auec beaucoup de peines,&
aucun es fois auec beaucoup de merite(bien que les afflictions qu'ils se donnent, & la resiftance à celles qui leur
furuiennent ne foient ny vouées ny cõmandées) les occafions de pecher,qui les entoure,cõme l'air nous enui-
ronne:Mais il faut recognoiftre qu'ainfi que les poiffons
se nourriffent dedans l'eau falée de la mer,fans estre falez,
ceux qui se maintiennent en la crainte de Dieu peuuent
estre dedans le mõde fans se perdre dans les vices dont il
est plein. A ceux-là il a esté dit,*si tranfieris per ignem,flamma
tibi non nocebit.* Il faut confiderer, qu'il n'est pas loifible à
vn chacun de choifir cete voye de perfection felõ sa volonté;laquelle il doit regler par celle de celuy en la puiffance duquel il est,puis que la parfaite obeïffãce est celle
qui est neceffaire,c'est à dire cõmandée deDieu,comme

celle qui est deuë au pere & à la mere, à son Prince,
à son Euesque, & biē souuēt au mary lequel on ne choisit pas: ores que l'obeïssance volontaire laquelle on porte à ceux qu'on choisit, cōme le Confesseur, le Directeur
de nostre conscience, & celle que lon voüe au Superieur
d'vn Cloistre, soit fort recommandable.

Nous auons cy deuant parlé de l'esclaue qui ne se peut
rendre moine contre le gré de son seigneur, ores que cete profession luy donne par les loix Chrestiēnes la liberté que Dieu nous a acquise: maintenāt nous disons qu'ē-
tre les ordres Monastiques sainctement introduis en l'E-
glise il y en a de plus austeres les vns que les autres; le vul-
gaire les appelle plus estroits: lon confesse qu'en ceux
qui sont plus estroits on est plus apparēment en la voye
de perfection qu'aux autres, puis qu'on met la voye de la
perfectiō en l'austerité. Laquelle voye de la perfection
chacun bien zelé à ce qui est de sō salut, doit rechercher
tant qui luy est possible: Et ainsi tous les Moines qui sont
és ordres moins austeres, doiuēt desirer d'entrer en ceux
qui sōt plus austeres: & de fait, y entrer *par calcatum Abba-*
tem, Rectorem, Correctorem, Priorem, aut Gardianum. Toutesfois, il est ainsi que le Pape Gregoire IX. par Bulles du
mois de May 1236. 20. de Iuin & 22. de Decembre 1240.
defendit aux Moines de l'ordre de Cisteaux de receuoir
en *in mari magno* leurs monasteres les Moines de l'ordre
de S. François, qui se feroient retirez sans le consentemēt
des Superieurs de leur ordre, & sans en auoir la permissiō
du S. Siege. Neantmoins c'est passer en vn ordre plus
estroit, où la voye de la perfection est plus frayée, *quia nō*
reperitur ordo arctior, comme nous auons veu la reformation en la
religion des Feuillans. C'est pourquoy le Pape Alexādre III.
escriuant aux Archeuesques & à tous les Prelats de France, par vn r'escrit qui est en ce chap. *Non est vobis.* defend
indefiniment aux Moines de l'ordre de Cisteaux d'en-

Glos. ad verb. permittatis c. Non est vobis ext. De Reg. & transf. ad relig.

trer dans vn Conuent d’vn autre ordre fans la permiffion de leur Abbé. Ce que ie dis, fans ignorer ce qui a efté
depuis ordonné fur ce, qu’aucuns l’ont voulu tirer à pri-
uilege dont le difcours feroit icy trop long. Si lon dit
qu’vn Moine n’a point d’autre volonté que celle de fon
Superieur auquel il a promis & voüé obeiffance: Ie refpons que l’obeiffance que le fils doit à fon pere nõ voüée
ou promife par vn homme, mais commandée de Dieu,
eft plus obligeante, puis qu’elle eft de droit naturel, que
celle qui eft par vn fainct & falutaire confeil promife à vn
Superieur comme à vn pere adoptif, quand celuy qui fait

*Bud. in An-
notat. reliq.
in Pand.*

les vœux *in eius adoptionem tranfiu.t, & in poteftatem illius
fe mancipauit.* Ce feroit faillir contre la difcipline Chreftienne de vouloir abbaiffer l’obeiffance commandée
expreffement de Dieu à celle, qui a efté (quoy que tref-
fainctement) introduite en l’Eglife. Si on adioufte que
l’obeiffance du Moine eft voüe; Ie refpons, qu’il n’eft
point befoin de vœu où l’obligation eft fi precife. Or il

*§. sed & si
pater. Quibus
modis ius pa-
tria poteftatis
foluitur apud.
Iuftin.*

faut confeffer que la puiffance du pere adoptif n’eft que
l’image de celle du pere naturel, & recognoiftre, qu’ores
que l’adoptiõ ait effect de deliurer l’enfant de la puiffance de fon pere naturel pour l’affuietir au pouuoir du pere
adoptif: neantmoins elle ne fe fait iamais, que de la volonté & confentement du pere naturel. Et ne fe trouuera
point en droit (félõ lequel ce que lon appelle la puiffan-

*Charon. ad
art.228. Con-
fuet. paris.l.fi
vxor fua. &
ibi Io. fab. C.
De cond. inf.
§.s.Inft.Ad
Tertull.notat.
Barth. in l.
Diuus. D. De
Teftam.*

ce paternelle a efté introduit) que *poteftas paterna foluatur,
pubertate affecuta.* Voire que lon a douté, fi la fille par fon
mariage fortoit de la puiffãce paternelle: furquoy on eft
venu à la diftinction des trois efpeces de nopces: qui feroit icy vne trop longue digreffió. Mais c’eft vne doctrine arreftée que le fils de famille impubere ou pubere nõ
emancipé, n’eft point hors de la puiffance de fon pere.

Chacun fçait auffi, que fi le Monachat eft la voye à
la perfection; (ou pour euiter difpute) s’il eft parfaict;
celuy

Chacun ſçait auſſi, que ſi le Monachat eſt la voye
à la perfection; ou (pour euiter diſpute) s'il eſt parfait;
celuy de l'Eueſque, de l'Archidiacre, du Curé, auſquels
N. Seigneur a dit : *Vos eſtis ſal terræ*, qui ſont dedans la *Math. cap. ſ.*
Hierarchie de l'Egliſe, eſt plus parfait ou plus auant
en la voye de perfection que celuy du Moine, & que
partant il y faut pluſtoſt tendre, qu'au Monachat.
Neantmoins il y a vn particulier Statut pour l'Ordre de
Sainct François : qu'aucun Frere de cet Ordre n'aſpire
à la dignité Epiſcopale ſans le conſentement exprés
du General de l'Ordre. Cela ſe voit par la Bulle du Pape Alexandre IV. du 9. de Iuin 1256. Il y a vn pareil
Statut pour l'Ordre des Dominicains, qui porte : *Suf-*
fragijs & beneficiis ordinis priuati ſunt, Epiſcopatum, vel
Archiepiſcopatum acceptantes ſine licentia. Et vn autre
d'Innocent IIX. par Bulles du 15. de Nouembre 1487.
pour les Freres hermites de l'Ordre S. Auguſtin. Il ne
faut donc pas dire qu'il faut entrer en Religion ſans le
congé de ceux qui ont puiſſance ſur nous : ny fouler
aux pieds toute ſorte de puiſſance pour entrer en vn
Cloiſtre, ou courir à la voye de perfection par cete
brieue ſente que nous penſons nous côduire à la voye
de noſtre ſalut. Il y faut aller *via regia*, & le faire par
les moyẽs reglés des circonſtances qui y ſont neceſſaires, pour faire quelque choſe qui ſoit agreable à Dieu.

Non que ie vueille dire, qu'il ſoit neceſſaire de ſuſ-
pendre longuement ſon eſprit pour ſçauoir s'il eſt bon
d'entrer en religion : car nous reconnoiſſons tous que
c'eſt vn œuure pieux & ſalutaire : & ie ſçay bien que
IESVS-CHRIST, improuua le terme de celuy qui
demanda delay pour enſeuelir ſon pere, qui n'auoit
plus beſoin de ſon aſſiſtance, car il eſtoit mort, & la ſepulture ſe pouuoit faire par autruy, dont nous parlerõs
cy-deſſus. Mais ie dis, qu'il faut conſiderer, s'il n'y a riẽ

qui doiue retenir celuy, lequel penſant prendre le plus court, ſe fouruoie de ſon chemin, comme celuy qui pour ſuiure le conſeil Euangelique tranſgreſſe le commandement de Dieu, & comme les defaux qui ſe trouueront cottez en diuers endroits de cet aduis: ne ſe ſouuiennent pas de ce que S. Paul nous a appris en peu de mots. *Enfans obeiſſez en toutes choſes à vos pere & mere: car cela eſt touſiours agreable à Dieu.* Ce qui s'entend, quand ils ne commãdent point le peché. Et Dieu n'eſt point offenſé, ſi on differe ſon offrande juſques à ce que lon ait exercé les œuures de charité en la reconciliation auec ſon frere: qui n'eſt point plus grande que la charitable obeïſſance qu'il a commandé aux enfans enuers leur pere & leur mere.

Ad Coloſſ. 3. 20.

Si lon dit encores; que c'eſt vne choſe dure d'empecher vn fils ou vne fille de viure en vn Cloiſtre apres la profeſſion de ſes vœux, pource qu'ils ont leur pere ou leur mere: Ie reſpons, que c'eſt vne choſe plus dure d'abandonner pere & mere contre le commandement de Dieu, & la defence du pere ou de la mere, pour faire des vœux bons & vtiles, mais non neceſſaires pour paruenir à ſalut. Et s'ils y ſont vtiles (comme ils le ſont) ils ſe peuuent effectuer dedans le monde pour le contentement de l'enfant, ſans perdre le moien d'aſſiſter le pere & la mere, & ſans leur des-obeïr. Car ie ſuis d'accord qu'vn pere & vne mere ne peuuent empecher la mortification qu'vn fils ou vne fille ſe veulent donner, en demeurant en la faculté de les pouuoir aſſiſter & ſubuenir en ce qu'ils ont beſoin. En fin faire leur ſalut ſans contriſter ceux auſquels Dieu les a obligés.

N'eſt-ce pas choſe fort agreable à Dieu de voir dedans le monde, *inter laïcos, ſeu attrectabiles,* vn hõme de bonne vie & craignant Dieu, comme eſtoit Iob entre les Orientaux, riche de biens & de commodités, qui ſçait auec S. Paul, *abundare, & penuriam pati,* non par auarice, mais pour paruenir à l'aumone , lequel pour ſubuenir aux pauures,(*quando etiam iniquitas bene diſpenſata vertitur in iuſtitiam*,diſoit S.Hierome)*facit ſe in diuitijs inopem,quod genus egeſtatis eſt grauiſsimum?* En voir vn autre lequel auec plus de pauureté, de ſoin , & de mes-aiſe, qu'vn Moine des plus auſteres, n'a point dit, *Melior eſt pugillus cum requie,quàm plena vtraq; manus cū labore, & affliĉlione animi*: mais trauaille en ſa vacation pour nourrir ſa famille,pourueoir à ſes enfans, nourrir les pauures, & entr'-eux les pauures Moines, leſquels ſans cela ne pourroient viure dedans la pauureté volō-taire qu'ils ont voüee, en l'eſperāce des aumones d'au-truy.En voir vn autre,lequel en iuſtice defend la cauſe de l'orphelin & de la veſue,poſſible abandonnée de ſõ fils qui eſt dans le Cloiſtre,& vn autre qui la iuge droi-temēt. Et encores vn autre, *qui ſupra militem monachus, & ſupra monachum miles*, porte l'eſpee pour defendre le pauure & le miſerable opprimé par le méchant, & s'emploie à la conſeruation de la Religion quand il eſt neceſſaire?C'eſt vne belle choſe de voir, *in palatij mili-tia*, vn Seigneur d'illuſtre maiſon, duquel *ſub chlamide, & candēti lino corpus cilicio tritum eſt*,ou vne fille porter, cõme Sainĉte Cecille & S. Claire , vne haire ſous vne chemiſe de lin,& vne robbe de ſoye, attendāt vn ſainĉt & honorable mariage, ſi leurs parens le trouuent con-uenir, puis qu'il eſt inſtitué & recommandé de Dieu, pour y viure ſalutairement, qui eſt vn diſcours de plus longue haleine. Et encores de voir vne fille , laquelle ne ſongeant point aux œuures du mariage attend à ſe retirer du monde,que Dieu ait diſposé de ſon pere ou de ſa mere,la viduité deſquels elle penſe pouuoir ſou-lager par ſon ſeruice & par ſon aſſiſtance. Ceux qui vi-uent ainſi au monde, *ſunt reges magni, qui tentationum ſuarum motibus non conſentiendo ſuccumbere, ſed regendo præeſſe nouerunt*, dit le venerable Bede. Ils ſçauent que les biens amaſſez par les moiens licites, ne doiuent pas ſeruir de proye à l'auarice, mais d'inſtrument à la bōté. Et faiſant les aumones journalieres du bien acquis par leur trauail, ils ſe rendent fort diſſemblables à ceux, qui attendans l'heure de leur mort ſe monſtrent pluſtoſt liberaux du bien d'autruy que du leur.

Dauantage, ſi garder la virginité, puis la chaſteté en veſuage, la pauureté & l'obedience ſont tellement neceſſaires à ſalut, que pour les obſeruer il faut contreuenir au commandement de Dieu d'obeïr au pere, & le mépriſer : pourquoi ne les peut-on pas accomplir au monde pour ne point abandonner pere & mere ? Car on me confeſſera, que ſi eſtant voüez ils ſont plus meritoires, pour la nouuelle obligatiō de les obſeruer: eſtāt obſeruez dedans le monde, jointe l'obeïſſance au pere ou à la mere, ils ne ſont point ſans merite. Or qui empéche vn homme d'eſtre pauure, & d'vne pauuretévolentaite au milieu de ſes richeſſes, comme nous auons dit cy-deuant? Pourquoi vne fille ne peut-elle demeurer vierge en la maiſon de ſon pere, en le ſeruant juſques à ce que Dieu en aura diſpoſé ? Et pourquoy ne peut-on eſtre chaſte meſmes en mariage ? Et quant à l'obeïſſance, pourquoi veut-on poſtpoſer l'obeïſſance qu'vn fils porte par le commandement de Dieu, & ſon obligation naturelle à ſon pere & à ſa mere, à celle qu'il aura voüée à ſon pere adoptal, qui eſt ſon Superieur en la Religion qu'il aura profeſſée ? Ce que ie ne dis point pour improuuer la vie Monachalle, & la virginité auec Vigilāce & les Heretiques ennemis de l'Egliſe; je loüe l'vn & l'autre autant ou plus que ceux qui me le voudroient imputer : mais il faut que ces vœux ſoient bien faits. Il ne faut pas entrer au Cloiſtre legerement ou indiſcretement, pour en ſortir honteuſement, ou y de-

meurer à regret : Et se souuenir, que celuy qui auoit
fait profiter les deux talens receus de son maiftre fut
loüé par le pere de famille. Il faut loüer Dieu ; de
voir les Cloiftres bien remplis de bons Moines, &
efperer que Dieu nous fera tousjours cete grace.
Mais il y a affez d'autres enfans au monde qui n'ont
pere ny mere, ou d'autres qui ont le confentement
de pere & mere pour remplir les Cloiftres, fans receuoir ceux qui contrarient a leurs volontez & au commandement de Dieu ; il eft à croire que ce n'a point
efté l'intention des fondateurs. Et vaut mieux que les
enfans aufquels ces deuotions furuiennent, attendent
auec patience le decez de leurs pere & mere exerçant
les œuures de charité, ou que Dieu les ait infpirez de
confentir à leur defir; pour ce, que ce que lon dit que
le fainct Efprit ne veut point de ces longs delais, cela
s'entend quand il n'y a point de iufte caufe, qui y refi-
fte: Et que celuy qui vit bien dedans le monde, n'eft
point hors du feruice de Dieu. *Nam nec Abraham, nec* Sermo. 18. De
Sanctis.
Ifaac, nec Iacob occifi funt : & tamen fidei & iuftitiæ me-
ritis honorati inter Patriarchas primi effe meruerunt, A dit
encores le venerable Bede.

Pour plus grande preuue de mon aduis, ie veux dire, qu'encores qu'entre les argumens, celuy qui eft tiré de l'exemple foit le plus foible, ie veux (pour ce
qu'entre le commun il perfuade mieux) en raporter
icy aucuns; referuant les autres en vn autre lieu. Le pere de fainct Gregoire de Nazianze auoit deux fils ; Gregoire auoit choify la vie monaftique, Cefarius eftoit
demeuré dans le monde aupres de fon pere, & auoit
efté employé au maniement des deniers publics, dont
il eftoit demeuré comptable lors de fon decez. Apres
céte mort le pere fe trouua embarafsé dedans ces com-
ptes & des difficultez defquelles il ne pouuoit facile-

E iij

ment fortir: Pour fon fecours & fon foulagement, il fit quitter à fon fils la vie Monaftique, & le fit retourner encores dedans le tracas qui eft en la procedure iudiciaire, pour le foulager & affifter non à la nourriture neceffaire de fon corps, mais à fa confolation, & au foulagement de fes affaires. Ainfi fainct Iean Chryfoftome s'eftoit voüé à l'Eglife, & au feruice de Dieu (comme lon parle) mais fa mere Anthufe ayant befoin de fon affiftance l'empefcha d'accomplir fon vœu du viuant de fa mere: le fils cedant au commandement maternel obeit à Dieu & à fa mere, vaincu par la reuerence qu'il luy deuoit, ainfi que luy-mefme le tefmoigne au liure qu'il a fait de la Preftrife. Sainct Hilarion auoit efté conduit au Monachifme qui s'exerçoit dans le defert par les fainctes remonftrances de fainct Hierofme, & par les belles parolles qu'il luy auoit efcrit, il penfoit l'y r'appeller: Mais les mefmes raifons qui l'en auoiēt fait reuenir l'empefcherēt d'y retourner. A fçauoir qu'ayant entendu que par le deceds de fon beau frere, fa fœur eftoit deuenuë vefue chargée du petit Nepotian fon fils, il quitta le defert, & fainct Hierome fon compaguon. *Vt primum fi fieri poffet fororem cum paruulo viduam, deinde fi confilium illa refpueret, faltem nepotem dulciſſimum conferuaret:* & depuis il fuiuit vne vie plus parfaicte, qui fut l'Epifcopat. Tant vallent les œuures de pieté exercées charitablement au profit & auancemeut de noftre prochain. Ainfi fainct Hierofme ayant laiffé le defert & la folitude (où il auoit feiourné quatre ans) vint à Rome faire pareils exercices, & y demeura iufques à ce qu'en fon aage bien auancé, il alla rechercher la folitude en vn monaftere bafty en Bethleem au lieu où eftoit la Creche en laquelle I E S V S-C H R I S T auoit efté mis lors de fa naiffance. Et le mefme fainct Hierofme a remarqué, que

D. Hieron. in Epitaph. Nepotiani.

In vita Pauli Heremita.

sainct Paul ce grand Hermite, pour l'apprehension de la persecution se retira dans les deserts, où il fit de necessité vertu, *sorore iam viro tradita, post mortem amborum parentum.* Ce qui n'est remarqué specialement sans cause, ains pour monstrer qu'allant professer le Monachisme, il ne faut pas abandonner ceux que nous ne pouuons laisser contre leur volonté sans offence. Ceux qui voudront lire ces escris de S. Hierosme, pourront encores veoir, que le Moine Malchus voyant qu'en sa premiere ieunesse ses pere & mere qui n'auoient autre enfant que luy le vouloient marier, il s'enfuit, & à leur desceu il se retira au desert: que depuis il se rendit Moine en vn Cloistre. Mais qu'vn long temps apres ayant esté aduerty de duceds de son pere, il sortit du Cloistre pour venir assister sa mere en sa viduité, resolu de vendre apres le deceds de sa mere tout son bien, pour en employer le prix partie en aumosnes, en donner partie au Conuent d'où il estoit sorty, & retenir le reste pour ses necessitez. Ce sont les mots de S. Hierosme. Si les afflictions qu'il souffrit depuis, estant esclaue entre les Ismaelites, (l'espreuue de sa continence & le tesmoignage de sa vertu) a esté le chastiment de s'estre rendu Moine contre la volonté de ses pere & mere, ou d'estre inconsiderement sorty de son Cloistre, ie n'en veux point faire de iugement. Mais tousjours puis ie dire au propos de ce que i'ay cy deuant mis en auant, qu'au raport de S. Hierome, le Moine Malchus a monstré que dedans son mariage commãdé par celuy duquel il estoit esclaue, la chasteté a esté gardée comme dedans vn Cloistre. Il fait beau voir cete histoire en son original dedans S. Hierome.

Apres auoir brieuement dit quelle est l'obligation aux enfans de satisfaire au commandement de Dieu, d'honorer pere & mere; la necessité de ce commande-

In vita Malchi captiui Moachi.

ment auant que penser au conseil Euangelique: quelle
est l'assistance que les enfans doiuent au pere & à la mere: Et que le temps de cete assistance dure autant que
l'enfant a le bon-heur de voir viure son pere ou sa mere;ie fermeray ce propos par la conclusion de S. Thomas sur cete question. *Vbi parentes in tanta fuerint neces-*
sitate, vt eis aliter subueniri non possit quàm per filiorum ob-
sequium, non licet filijs pratermisso parentum temporali ob-
sequio, religionem intrare. Et pour ce qu'on me dit que
cet aduis est demandé, pour ayder à la resolution que
veut prendre vne mere sur l'occurrence de cete question, Voicy en François la conclusion de S. Thomas.
Si les parens estoient en si grande necessité qu'on ne leur puis-
se subuenir que par le seruice des enfans, il n'est pas loisible
aux enfans d'entrer en religion delaissant le seruice temporel
qu'ils doiuent à leur pere & mere. Quelle est cete subuen-
tion ou assistance, quel est ce seruice & cete complai-
sance, que signifie ce mot *obsequium*, & qui la doit iuger, ce qui concerne le commandement d'honorer pere & mere (en quoy consiste cete question) nous l'auõs
dit cy deuant, & nous en parlerons encores cy apres.

Ce pendant ie dis icy, que ie ne suis point de l'aduis
de ceux qui reduisent cete necessité à la disete des vi-
ures, & au seul cas que le pere & la mere seroient en peril de mourir de faim. Car, en ce cas il n'y auroit que les
pauures (lesquels sont en peril de tomber en céte necessité) qui auroient le contentement de n'estre point
abandonnez de leurs enfans. Et ce mot de necessité
comprend toutes les occasions, ausquelles les peres &
les meres peuuent estre secourus par leurs enfans & nõ
par autres. Et les grands, & ceux ausquels Dieu a donné
des richesses peuuent tomber en des necessitez, soit de
l'honneur, soit de la vie, outre la mendicité esquelles
ils ne peuuent estre abandonnez de leurs enfans sans
vne

vne espece de cruauté, & vne euidente contrauention au commandement de Dieu. Et cete consideration peut estre la raison, pour laquelle S. Thomas n'a pas reduit cete necessité à la seule mendicité, & au danger de mourir de faim, ou d'estre contraint de mendier, puis qu'il a dit ailleurs, que les enfans estoient obligés enuers leurs peres & meres, *de qualibet assistentia.*

De là ie veux encores inferer qu'il y a des cas, esquels on peut empécher les enfans & autres d'entrer en Religion : C'est à dire, faire les vœux qui les empéchent de rendre l'assistance qu'ils doiuent à leurs pere & mere ; & quelquesfois au public. Qui est (peut-estre) ce qu'ont voulu dire les Peres assemblez au Concile de Trente ; quand excommuniant ceux qui donnent empéchement aux filles, & autres femmes, de faire les vœux de Religion, ils ont adjousté, *sine iusta causa.* Lesquels mots sont vne grande exception à cete regle generale, sur laquelle on fonde, qu'il y faut entrer indiferemment, *per calcatum patrem* ; & que méprisant le commandement de Dieu, ou le reduisant en la personne de ceux qui apparemment peuuent tomber en l'inconuenient de mourir de faim, c'est vne espece de pieté, *in hac re esse crudelem.* Dont nous parlerons tantost.

Qu'il y ait des justes causes de ne point laisser entrer en Religion vne personne, mesme outre la consideration de l'assistance deüe au pere & à la mere, (lesquelles ramener icy feroient vn long discours) & que la voye de perfection n'est pas seulement dedans la clôture d'vn Cloistre ; en voicy vn bel exemple entre les autres. Giraut Baron d'Aurillac en Auuergne, eut deuotion de se faire Moyne : & pour executer son dessein, il pria l'Euesque de Clermont de le receuoir à

F

faire profession. L'Euefque qui fçauoit combien ce Seigneur eftoit vtile au monde s'il y demeuroit; & le grand bien qu'il feroit par fon autorité & fon exemple demeurant Seigneur de cete ville, luy refufa. Bien luy permit-il de porter la couronne comme vn Moine, qu'il cachoit d'vne callote ou petit bonnet, pour certaine confideration: & ainfi paffa fa vie en vn perpetuel celibat, difant fon Pfautier tous les jours; laquelle vie fut fi bonne, & tant exemplaire, qu'il a efté Canonizé apres fon decez. Les certaines marques de cela font en en vne Chapelle fondée en fon honneur dans l'Eglife Archiepifcopale de Paris, où il eft reprefenté auec vn oifeau fur le poing, & par chacun an en certain jour fa memoire eft honoree par vn office double. Cela nous a efté temoigné par vn bon Moine de l'Ordre de Sainct Benoift, lequel (il y a plufieurs années) a efcrit fa vie en trois Liures. Il y a encores affez d'autres legitimes caufes qui empéchent d'entrer dans le Cloiftre: comme fi ceux aufquels cete deuotion furuient ne font pas capables d'eftre Moines; s'ils font comptables; fi leurs parens font en extreme ou grande neceffité: ou fi par leur profeffion il peut furuenir de grands inconueniens: comme fi leurs biens paffoient à des Heretiques, *aut alijs impedimentis tenentur*, a dit le bon Pere Iefuite *Leffius.* Or de dire que ceux-là ne peuuent entrer en la voye de perfection, qu'ils ne peuuent fuiure IESVS-CHRIST, qu'indubitablement il faut qu'ils periffent dans le monde à faute d'eftre Moines, c'eft beaucoup dire: & ie ne penfe pas trop dire, quand ie dis, que rendre l'obeïffance deüe à vn bon pere, s'acquiter de l'obligation qui eft née auec nous, accomplir le commandement de Dieu, eft vn auffi grand empéchement que ceux qui font cottez cy-deffus.

Ie ne doute point, qu'en céte matiere il ne fe trouue

MS. *Odonis Cluniacenfis.*

Leonard. Leffius in difput. De ftatu vitæ deligendo. quæft. 4.

quelques perfonnes, mefme ceux qui y font intereffez,
qui ne feront de cét aduis, aufquels (pource que ce n'eft
qu'vn peu de poudre fur le Tableau) ie defire refpondre
briéuement felon mon loifir : puis qu'en vne queftion
problematique on peut penfer ce que lon veut, & dire
librement ce que lon a pensé, pourueu que nous de-
meurions tousjours dedans la doctrine & la difcipline
de l'Eglife, comme ie fay.

Ceux qui veulent excufer la desobeïffance des
enfans enuers leurs pere & mere, leur dureté contre
leur vieilleffe, ou pluftôt leur contrauention au commandement de Dieu, raportent cete parole de I E S V S- *Math. cap. 19.*
C H R I S T : *Si tu veux eftre parfait, va, vends tout* 21.
*ce que tu as, donne le aux pauures, & tu auras vn trefor
au Ciel, puis me vien fuiure.* Mais chacun reconnoift
bien, que cela eft vn confeil donné pour entrer en la
voye d'vne perfection, qui n'eft pas neceffaire à falut,
(autrement nous ferions tous obligés d'entrer en cete
voye de perfection, ce qui n'eft point) comme eft l'o-
beïffance aux commandemens de Dieu : Car l'accompliffement des commandemens implique l'amour de
Dieu neceffaire à falut, puifque N. Seigneur a dit, *Si quis* *Iean. 14. v. 16.*
diligit me, fermonem meum feruabit. Et vn peu aupara- 21. 23.
uant. *Si diligitis me, mandata mea feruate.* Auffi quand
en Sainct Mathieu il a parlé de ce qui eft neceffaire à falut, il a dit : *Si vis ad vitam ingredi, ferua mandata.* Entre lefquels commandemens il a mis, *Honora patrem* *Math. cap. 9.*
tuum, & matrem tuam. Et là, c'eft à dire en l'amour de *v. 17. 19.*
Dieu, & en l'obferuáce de fes cómandemens, eft la perfection que nous deuons defirer, puis qu'en l'amour de
Dieu & en la dilection du prochain, font toute la Loy
& les Prophetes. Et quant au confeil Euangelique, il
tient à la verité fon rang en la voye qui nous conduit à
la perfection ; mais c'eft apres l'accompliffement des

Aug. de serm.
Domini in
monte.

Commandemens. Sainct Augustin en parle en cete façon. *Quisquis præceptis non obtemperat, reus est, & debitor*
pœnæ. Et vn peu apres, præcepto Domini non obedire, pec-
catum est, & consilio si vti volueris, minus boni adipisceris,
non mali aliquid perpetrabis. De là Sainct Thomas tire
vne belle conclusion, laquelle me fera retrancher beaucoup de choses sur ce propos de la voye de perfection.

2. 2. q. 184.
art 3.

Charitatis (dit-il) *perfectio principaliter, & essentialiter*
consistit in præceptis, secundario autem, & instrumentaliter
in consilijs. Où il adjouste vne sentence tiree de la collation des Peres, qui sert beaucoup à ce propos: *Ieiunia,*
(disoit l'Abbé Moyses) *vigiliæ, meditatio scriptura-*
rum, nuditas, ac priuatio omnium facultatum, non per-
fectio, sed perfectionis instrumenta sunt. Bons instru-
mens pour s'exercer en la voye de perfection, afin de
paruenir à la charité & à l'amour de Dieu, qui ne se trouuera jamais dedans la contrauention aux commandemens de Dieu.

Surquoy il est à noter qu'il y a grande diference entre la voye ou l'estat de la perfection, & la perfection:
& entendre que tous ceux qui sont en l'estat de perfection, comme sont les Euesques, leurs Archidiacres, les
Curés, & les Moines, ne sont pas en la perfection, en
laquelle nous met la seule charité par les actions voüées
ou non voüees, pourueu qu'elles soient bien obseruees.
Car les vœux d'obeïssance qui consacre nostre cœur,
comme celuy de la chasteté nostre corps, & celuy de
pauureté nos biens à l'amour de Dieu, sont trois grands
moyens pour l'acquerir, mais c'est la seule charité qui
nous met en la perfection.

Autrement si les vœux par lesquels on entre en la
vie Monachale par le conseil Euangelique, estoit tant
necessaire à salut, qu'il y falust courir, *per calcatum pa-*
trem; (nous parlerons tantost de la qualité de ce pere)

& au mespris du commandement de Dieu d'honorer pere & mere, il s'ensuiuroit, qu'il n'y auroit eu personne qui seroit paruenu à cete perfection auparauant qu'il y eust eu en l'Eglise des Moines voüez à perpetuité; Car s'il y a eu des parfaits auparauant sans estre Moynes, il y en peut encores auoir; & le Monachat n'y est point si necessaire, que lon puisse dire que le pere qui defend à son fils de voüer le Monachat, le detourne de son salut : puis qu'il se peut sauuer sans cela, & aimer Dieu sans sortir du monde, où les bons sont comme vne boulle sur vne superficie carrée, à laquelle elle ne touche que d'vn poinct necessaire pour sa subsistance. Aussi celuy qui aime Dieu se tient au monde, pour en loüant son Createur, seruir son prochain par tous les moyens à luy possibles, tant s'en faut qu'il voulsist abandonner pere & mere.

Et encores, si pour asseurer son salut il faut si necessairement entrer en cet estat de perfection que lon met dans les Cloistres, qu'on s'y doiue lancer pilant son pere aux pieds, auquel Dieu a commandé de porter honneur, il s'ensuit que nul ne sera sauué, s'il n'a accompli ce conseil Euangelique, & s'il n'est Moine, ou qu'en ce faisant tous les Moines seront sauuez ; ou autrement qu'on se peut sauuer sans estre Moine, malgré pere & mere, & sans violer cet exprés commandement de Dieu, d'honorer pere & mere. Or, dire que tous les Moines ont esté ou seront sauuez, (*quando Deus in An-* *gelis suis reperit prauitatem*, disoit vn des amis de Iob) & que nul ne sera sauué s'il n'est Moine; c'est ne se pas souuenir de ce qui est écrit en la collation des Peres, raportee par Ruffin : que l'Abbé Siluanus sortant vn jour d'vne extase, laquelle l'auoit saisy en vne cauerne où il estoit auec l'vn de ses Disciples, fondit en larmes. Sur ce le Disciple luy demanda; Mon Pere, qu'auez-vous?

Iob cap. 4.

Ruff. lib. 3. de vitis Patrum, n. 205.

F iij

L'Abbé ne faifoit que continuer fes pleurs, jufques à ce qu'eftant importuné de fon Difciple, il luy refpondit: Mon fils, j'ay efté raui au iugement , & j'ay veu beaucoup de Moines de noftre habit qui alloient au fuplice, & plufieurs des Laïques allans au Roiaume de Dieu, & le vieillard difoit cela plorant tendrement. Il eft encores bon (fur le propos de ce que nous auons dit cy deuant) d'oüir dans le mefme Ruffin, cete voix qui vint dire à Sainct Antoine ce grand Abbé, lors qu'il faifoit fes prieres en fa celulle : *Antoni, nondum peruenifti ad menfuram Coriarij, qui eft in Alexandria.* Puis y lire le voyage que fit exprés S. Antoine vers le Corroyeur, & ce qu'il apprint de luy pour approcher de fa perfection, & de là entendre qu'il y a au monde vn eftat de perfection que lon peut pratiquer fans entrer en vn Cloiftre, *per calcatum patrem.* De là ie veux inferer, que le troifiéme poinct de ma diftinction eft veritable, à fçauoir, que lon fe peut fauuer demeurant dedans l'obeiffance du pere & de la mere. Et que defendant à fon fils de l'abandonner, ne le détourne point de fon falut.

Ibid. nu. 130.

Dauantage, ce confeil de vendre tout ce que lon a, le donner aux pauures, & fuiure IESVS-CHRIST, qui eft en effect fe reduire volontairement à la pauureté, qu'aucuns ont interpreté, ne point trop vfer ou abufer des biens que nous poffedons, n'eft pas donné feulement aux Moines, mais à tous les Chreftiens: tous lefquels, fi entre nous il eftoit neceffaire à falut de vendre tous leurs biens, il ne refteroit perfonne pour les acheter. D'ailleurs, tous les Moines ne le font pas, comme ne l'ont pas fait les Difciples apres la Refurrection de N. Seigneur, lefquels conferuoient le prix des heritages vendus pour le diftribuer comme il conuenoit. Car pour eftre pauures & ne poffeder rien en leur particulier, ils ne laissent d'estre riches en commun,& auoir le viure & le vestiaire selon leur qualité; ainsi que les plus riches qui sont au monde ; au moins mieux que les plus pauures: à quoy nul ne doit porter enuie. Et à ceux qui au mes-aise de leurs vestemens, & en l'abstinence de leur viure, nous apprennent de combien peu l'homme se peut passer, Dieu qui a soin de toutes ses creatures jusques aux Corbeaux qui l'inuoquent dedans le nid, leur a donné pour pouruoieurs les gens de bien, qui dedans le monde ne laissent pas de suiure IESVS-CHRIST, pouruoir aux pauures, & au salut de tous ceux qui sont en leur famille. C'est pourquoy Sainct Augustin expliquant ces mots de l'Euangile, *Vbi ego sum, illic & minister meus erit*, dit. *Nolite tantummodo bonos Episcopos, & clericos cogitare : etiam pro modulo vestro ministrate Christo, bene viuendo, eleemosynas faciendo, nomen, doctrinamque eius, quibus potueritis, prædicando, vt vnusquisque etiam pater familias hoc nomine agnoscat paternum affectum suæ familiæ debere. Pro Christo, & pro vita æterna suos omnes admoneat, doceat, hortetur, corripiat, impendat beneuolentiam, exerceat disciplinam, ita in domo sua Ecclesiasticum, & quodammodo Episcopale implebit officium, ministrans Christo, vt in æternum sit cum Christo.* Ainsi ceux qui sont demeurez au monde ne sont pas sans moyens de seruir à Dieu, & profiter à leur prochain.

Puis on adjoute, que ce conseil Euangelique porte; qu'aiant vendu tout son bien, pour en dóner le prix aux pauures il faut suiure Dieu: Ce qu'ils interpretent de delaisser pere ou mere (lesquels souspirent apres l'assistáce des enfans qu'ils ont éleuez en cete esperance) pour se faire Moine contre leur volonté : mesme sans attendre ou leur mort, ou leur consentement, lequel ils peuuent impetrer de Dieu par leurs prieres, pendant que *per di-*

lata defideria, leur deuotion fera augmentée.

Certes c'eft merueille fi cela a efté dit feulemét pour les Moines; s'il n'y a que les Moines qui fuiuent IESVS-CHRIST! Si pour fuiure IESVS-CHRIST il faut eftre Moine, & encores, fi pour fuiure IESVS-CHRIST il faut eftre Moine contre le commandement de Dieu d'obeir à pere & à mere! De tous ceux qui font demeurés au móde, n'y en-a-il point qui fuiuét IESVS-CHRIST? Et de tous les enfans en quelque aage que ce foit, qui ayant l'efprit deuotement porté à faire les vœux du Monachat, font neantmoins demeurez au monde pour affifter leurs pere & mere, attendant que Dieu en faffe fa volonté, ne fuiuent-ils point IESVS-CHRIST, pource que pour entrer en vn Cloiftre, ils n'ont point fait feruir de planche le corps de leur pere ou de leur mere? S'ils mouroient en cet eftat, n'auroient-ils point fuiuy IESVS-CHRIST pendant leur vie? N'eft-ce pas ce que dit S. Hierome, parlant de ceux qui blâmoient la doctrine laquelle il tenoit, & dont il eftoit honteux, *De cauernis cellularum damnamus orbem.*

Hieron. in Ep. Marco Presb. Celetenfi lib. 1.

Ce que ne feront jamais tant de bons Moines entrez dans les Cloiftres fans violer le commandement de Dieu, & fans offencer pere ou mere, la vie defquels fert d'inftruction aux gens de bien, & les prieres continuelles fouftiennent le monde, & ne le condamnent pas. Car ils fçauent bien que Dieu n'a pas tan t'abandonné ceux qui ne font point entrez dans les Cloiftres malgré pere & mere, qu'il n'y en ait qui le fuiuent, qui le feruent, qui l'aiment, & qui le craignent, qui eft le cóble de la fageffe. *Initium (id eft finis) fapientiæ timor Domini.* Ils fçauent bien que *oculi Domini funt fuper metuentes eum.* Que *quicũque fpiritu Dei agun- tur, ij funt filij Dei.* Que S. Greg. a dit, *Sũt nonnulli, etiã vita fecularis, qui imitandũ aliquid habeant de actione virtutis.*

Pfalm. 32.
Ad Rom. 8. 14.

Hom. 25. in Euang.

Qu'il

Qu'il y a encores en paradis des places pour des Catholiques autres que les Moines, & auec eux : puis que le
pere de famille a enuoyé par les cantons de la ville,
pour faire venir à son banquet tous ceux qu'on y ren-
contreroit. Et qu'ailleurs, les pecheurs ont esté receus *Matth. 22.9.*
par N. S. non seulement à parler à luy, mais manger
auec luy.

Au moins, ceux qui en cete qualité pour cete oc-
casion sont demeurez au monde, ne sont-ils point ce
pauure publicain, lequel apres auoir confessé tout
humblement ses defaus en obtint tant benignement
le salutaire pardon ? Ne sont-ils point du grand nombre
de ces poissons, entrez en filé que S. Pierre tira par le *Io. 21. 7.*
commandement de IESVS-CHRIST ? Ne sont-ils
point de ceux desquels le Fils a dit à Dieu son pere, *Io. 17. 15.*
Non rogo vt tollas eos de mundo, sed vt serues eos à malo.
S'ils sont du nombre de tous ceux-là, pourquoy faut-
il que pour sortir d'auec eux on face litiere du corps
du pere ou de la mere, qui veulent que leurs enfans
les assistans en leurs necessitez, suiuent Dieu auec
eux, le seruent en croyant en luy, le craignent obeïssant à ses commandemens, & facent leur salut auec
eux ?

Certes ceux-là peuuent demander aux autres qui les
mesprisent & les condamnent, *quare vnus aduersus al-* *Ad Corint.*
terum inflatur pro alio? quis te discernit? & ce qui suit au *1. 4.*
texte de S. Paul. Ceux qui sont demeurez dans le mon-
de pour auec la grace de Dieu n'y pas viure mondaine-
ment selon la commune façon de parler, se peuuent-ils
pas plaindre, de ce qu'aucuns de ceux qui en sont sortis, les mettent *in similitudinem gentibus*; & ne doiuent *Psal. 43.*
ils pas esperer qu'au dernier iour, ceux qui se sont sur-
haussez au dessus d'eux, diront quand Dieu aura fait misericorde aux vns & aux autres, *vitam illorum æstimaba-* *Sap. 5.*

mus infaniam. Ce qui ne fe dit point pour entrer en cõ-paraifon : mais on ne fçauroit brufler la fueille de laurier qu'elle ne crie. Ils peuuent dire, que fi les autres font le bras droit au corps myftique de l'Eglife, au moins font-ils le bras gauche, & le bras gauche fait partie & portion du corps humain auec le droit. Ils peuuent fans orgueil dire auec ce pafteur dedans Virgile, *Non fum adeo deformis, nuper me in littore vidi:* puis que le miroir de la vie Chreftienne eft ouuert pour les vns & pour les autres. Ils peuuent encores demander, s'ils ne font pas de ceux aufquels N. S. a dit. *Pufillus grex nolite timere, quia complacuit patri veftro dare vobis regnum:* Puis que le venerable Bede expliquant ce paffage, a dit, que ces mots eftoient prononcez à tous les efleuz. Ce qu'il faut recognoiftre: ou, (fi cela ne s'entend que des Moines) fouftenir, qu'il n'y a que les Moines qui font du nombre des efleuz, en quoy il y auroit de la pudeur.

Luca cap. 12.
Beda lib. 4.
cap. 54. in
Lucam.

  Chacun eft biẽ d'accord, que pour eftre fauué il faut fuiure I E S V S-C H R I S T; Mais fi perfonne ne le fuit que ceux qui font les vœux de la vie Monachale: s'il n'y a que les Moines qui font les vrais & particuliers difciples: Si tous les enfeignemens qu'il a donnez à fes Apoftres & à fes Difciples, font feulement donnez pour les Moines; quand fera mife en practique la leçon qu'il a donnée aux Rois, difant *Reges gentium dominantur eorum, vos autem non fic?* Pourquoy l'efcriture nous a-elle apprins comme fe doiuent comporter les fuperieurs enuers leurs fujets, & les fujets enuers ceux qui commandent: les maiftres enuers leurs valets, les maris enuers leurs femmes, & les peres enuers leurs enfans? Si pour eftre fauué il faut eftre Moine (ie ne parle qu'à ceux qui ne tiennent pas le Monachat feulement pour chofe vtile à falut, ains pour neceffaire y allant *per calcatum patrem*) que font deuenus tãt de Martyrs; lefquels

Luca 22.25.

ſont morts pour ſon ſainct nom, faiſant leur confeſſion
de foy, *ſi non coram ſacerdote*, ç'a eſté, *coram perſecutore*,
par où ils ſont paruenus au plus haut & plus parfait degré de Charité, laquelle ſeule conduit l'homme à ſalut: puis qu'il n'y a point de plus grãde charité, que d'ex-
poſer ſa vie pour ſon amy: Charité tant recommandable, qu'vne bonne ame viuant au milieu du monde, &
dedans vn meſnage, a dit, apres vn bon Docteur, que

> *Si l'Ange eſtoit ſuſceptible d'enuie,*
> *Il enuiroit de ne pouuoir mourir,*
> *Et pour I E S V S au martyre courir;*
> *Tant c'eſt grand cas, donner pour Dieu ſa vie!*

Et à céte perfection tendent, & attendent eſgalle-
ment ceux qui ſont au monde. Car ce ſont tous les
Chreſtiens que N.S. a inſtruits parlant à ſes Apoſtres & *Luca 22 32.*
Diſciples. Cõme quand il leur a dit, que le Diable auoit
demandé qu'il luy fut permis *cribrare vos*, il n'a pas eſté
dit, qu'il ne parloit que des Apoſtres, ains de tous les
Chreſtiens que le Diable crible à ſon poſſible.

Si hors le Monachat commencé par l'abandonne-
ment de pere & de mere (car ie dis encores que ie ne
parle que de cetuy-là au preſent conſeil) on ne peut
ſuiure Dieu, lequel toutesfois il faut (comme i'ay dit)
ſuiure pour eſtre ſauué; que deuiendront les Moines de
tant d'Abbayes, qui ont eſté ſeculariſez? Si s'entremet-
tre des affaires tant Eccleſiaſtiques que ſeculieres, eſt
laiſſer de ſuiure Dieu, pourquoy l'Egliſe a-elle canoniſé tant de Rois, qui ſont morts au milieu du maniment
des affaires? Si lon dit que ç'a eſté à cauſe du bien qu'ils
ont fait en ce maniment, pour ce que Dieu ſe trouue
quelquesfois dans les affaires: Ie reſpons que lon doit
auſſi penſer que celuy qui ſera demeuré au mõde pour
y exercer les œuures de Charité enuers ſon pere, ſa mere, & ſon prochain, trouuera Dieu dans les affaires, &

auec merite, s'il s'y employe auec bône intention. Mais s'il se trouuoit vn homme de la qualité descrite par le quatorziesme Psalme (& S. Augustin a dit, *ista quidem in hac vita posse compleri, sicut completa esse in Apostolis credimus*) seroit-il bien possible, qu'il fut incapable des effects de ces derniers mots, *mouebitur in æternum*, pour ce qu'il n'auroit pas esté Moine malgré pere & mere, de laquelle on n'excepte personne?

Ie demande encores, tant de Papes qui auoient esté Moines, tant d'Abbez, côme S. Bernard qui a si bien escrit de la vie Monachale, (comme nous dirôs cy apres) & qui s'est tant vtilement entremis aux affaires temporelles. Sugere Abbé de S. Denis, qui fut Regêt en France pendant le voyage que Loüis VII. à la suasion de S. Bernard (lequel pour estre Moine n'auoit pas du tout abandonné les affaires du monde) fit en Asie auec tant d'autres Princes Chrestiens: Et de ce qu'il fit en sa charge, cét Abbé nous a laissé vn manuscrit, & tant d'autres, sont-ils pour cela sortis de la voye de perfection, par laquelle nous esperons tous arriuer à nostre salut?

Chron. de S. François part. 3. li. 1.

En voicy vn exemple d'vn Moine de l'ordre de S. François, qu'il me souuient auoir veu depuis peu de iours en la Chronique de S. François, redigée par le P. Marc de Lisbone. Il dit que F. Pierre de Candie Moine de l'ordre de S. François, fut homme de bel entendement & grande doctrine. Sa vie exemplaire fut cause que Iean Galleace Duc de Milan le demanda, & le fit President en son Conseil. Depuis il fut à sa requisition Euesque de Vicence, puis de Noüarre, & apres Archeuesque de Milan. Le Pape Inocent IV. le promeut au Cardinalat, auec le titre de sainct Apostre. Et finablement au premier Concile de Pise, tenu en l'an 1408. il fut esleu Pape, & à son assumption nommé Alexan-

dre V. Ie demande auec toute la douceur que ie puis;
Si ce Moine, lequel par sa profession bien circonstan-
tiée estoit entré en la voye de perfection, en est sorty
pour s'estre meslé bien auant dedãs les affaires du monde, pour auoir esté Euesque, Archeuesque, Cardinal &
puis Pape? I'entens bien, que lon me dira, que d'estre
Euesque est estre en la voye de perfection: aussi i'adiouste, pour auoir esté Chef & President au Conseil des
affaires d'vn Prince. Ie croy que nul ne le dira, puis que
nous lisons dedans les mesmes Chroniques, qu'vn
prestre de S. Geminian en Toscane nommé Barthole;
lors qu'il estoit en peine de se resoudre s'il se rendroit
Moine de l'ordre de S. Benoist: N. S. s'apparut à luy, &
luy dit. *Tu obtiendras la Couronne, non en habit de Moine,* Ibid. par. 2.
mais de penitent, souz les disciplines & aspretez. Et pour cé- li. 6. c. 24.
te cause, affligé & battu tu t'approcheras de moy. Céte ap-
parition fut cause qu'il passa le reste de sa vie, viuant
sainctement dans le tiers ordre de S. François. Sur ce
propos, quelques vns ont raporté ce que dit S. Paul,
Christi bonus odor sumus Deo, in omni loco. Et en vn autre
endroit: *Circuncisio nihil est, & præputium nihil est, sed ob-* Ad Cor. 7. 19
seruatio mandatorum Dei. Neantmoins i'aduoüe qu'vn
penitent Moine a deux qualitez fort agreables à Dieu;
mais il ne les faut pas gaster par la desobeïssance à pere
& à mere, laquelle est autant blasmable en ceux qui s'y
laissent couler, que les autres sont agreables à Dieu qui
entrent au Cloistre auec la benediction du pere & de
mere.

Sur ce il me souuient, que ceux lesquels sur le doute
qui se presente, font peu de cas de l'amour des peres
enuers les enfans, pour ce qu'ils n'en ont point : ny du
respect que les enfans doiuēt au pere & à la mere, pour
ce qu'ils l'ont oublié, tirent vn argumēt du vieil Testament (car ie n'ay pas le loisir de reduire par l'ordre des

Deu.cap.33.9. temps, tout ce qui me vient fous la plume) & difens;
qu'au Deuteronome la perfection de Leui & fa do-
ctrine eft recommandée, pour auoir dit à fon pere, *nef-
cio vos, & fratribus fuis, ignoro illos, & nefcierũt filios fuos;
hi cuftodierunt eloquium tuum.* Lequel texte eft fort re-
marquable pour monftrer la perfeuerãce qu'vn Chreftien doit auoir à la religion & au feruice de Dieu; le zele qu'il doit auoir à conferuer fa religion, & exterminer
les ennemis d'icelle: & mettre tout pour le tout afin de
la maintenir; ce qui fe voit fouuẽt aux guerres qui s'ef-
leuent pour la religion. Mais il ne fert de rien, pour
prouuer que le fils d'vn pere ou d'vne mere Catholique & fidelle, qui defirent le falut de leurs enfans comme le leur propre, & par les moyens ordonnez & com-
mandez de Dieu, doit faire les vœux effentiels que font
ceux qui entrent aux Monafteres, contre la volonté de
leur pere, puis qu'en ce faifant ils n'exterminent pas
pieufement les ennemis de Dieu, ains ils abandonnent
cruellement ceux que Dieu leur a expreffement commandé d'honorer & affifter.

Et pour ne point defduire icy plufieurs chofes qui
feruiroient à ce propos, ie diray feulemẽt: que l'hiftoire fainčte nous apprend, que Leui auoit commandement expres de Dieu d'exterminer tous les Idolatres
fans aucune exceptiõ : Mais il ne fe trouuera point que
Dieu ait commandé expreffement, que les enfans qui
voudront eftre fauuez, entrent au Cloiftre cõtre la volonté & le commandement de pere & de mere Chreftiens, Catholiques qui font en la voye de falut.

Il nous faut, pour brieueté, prendre pour l'explica-
2. 2 q. 101.
Art.4. tion de ce paffage, l'aduis de S. Thomas en vn feul endroit, laiffant les autres, comme nous ferons aux argumens qui fuiuront cetuy-cy. Il dit (apres S. Gregoire
Greg. hom. 37.
in Euang. traičtãt, *de Spirituali intellectu eius quod dominus dixit*) que

ces paroles de IESVS-CHRIST, *quod parentes, quod ad-*
uersarios in via Dei patiuntur odiendo & fugiendo nescire
debemus, s'entend, *si parentes nostri nos prouocent ad pec-*
candum, & abstrahant nos à cultu diuino. Ce que ne fait
point vn pere Catholique quand il ne destourne point
son fils de la religion Catholique, où est nostre salut, &
y a esté quand on ne disoit point, que pour estre sauué
il falloit estre Moine malgré pere & mere. Pour cela S.
Thomas adiouste, qu'en céte façon les Leuites, *suos cõ-*
sanguineos ignorârunt, quia Idolatris secundum mandatum
Domini, non pepercerunt, comme nous lisons en l'Exode. *Exod.cap.32.*

Or il n'y a personne qui doute; qu'entre nous vn fils
ou vne fille Catholique, ne puisse en l'aage prescrit, nõ
pour sortir de la puissance de pere & de mere (car si dedans l'an de leur probation ils sortent du Cloistre, ils
sont encores en la puissance paternelle, & on ne peut
dire que par l'eslection qu'ils auoient fait, ils en estoiẽt
sortis) mais pour les rendre capables de faire les vœux
en la forme requise, ne puisse dis-ie faire profession du
Monachat en vn ordre receu par l'Eglise Chrestienne,
contre la volonté de pere & de mere payens ou heretiques, qui les en veulent empescher, pour les destour-
ner du seruice de Dieu, & de leur salut ; les rendant heretiques comme eux. Car lors il n'y a plus de parenté, il
n'y a plus d'amour, il n'y a plus que la haine que Dieu
nous a cõmandée pour ce qu'ils sont ennemis de Dieu :
Nonne qui oderũt te, Domine oderam, & super inimicos tuos *Psal.138.*
tabescebam? disoit Dauid en la ferueur de son zele. Ainsi
Dieu appelle à soy les vns par la des-obeïssance au pere
temporel, ainsi les autres en leur obeïssant quãd la cau-
se n'est pas semblable. C'est pourquoy Cassianus (au ra- *Cass. Collat.15.*
port mesme de ceux qui reiettent en cet endroit l'o- *cap.15.*
beïssance du pere) nous dit, *Inscrutabilia esse iudicia Dei,*
& inuestigabiles vias eius, quibus ad salutem humanam at-

trahit genus. Et vn peu apres. *Et ita multiformis illa sa-*
pientia Dei salutem hominum multiplici & inscrutabili pie-
tate dispensat. Il appelle les vns aux Cloistres, il y chasse
les autres, qui ne reçoiuent au monde que des disgraces
& des fascheries. Mais il ne dit point, que pour suiure
ses conseils il faut laisser ses commandemens.

C'est ce qui a esté preueu par celuy lequel a briefuement proposé la presente question. Car il a adiousté
ces mots, *ayant pere ou mere Catholique,* pour preuenir
l'opinion de ceux qui disent, que l'opinion commune
est; qu'il est indifferemment loisible aux enfans d'entrer
au Cloistre *inuitis parentibus.* En quoy, pour n'estre pas
assez instruis de l'intention de l'Eglise & de l'opinion
de ceux qui en ont escrit, ils n'entendent pas qu'il faut
dire, *inuitis parentibus infidelibus,* comme il sera dit cy
apres: encores que ie ne sois point enquis, s'il est licite à
l'enfant, ains s'il le doit.

Céte inconsideration en a tiré vne autre apres soy:
quand pour eluder le commandement du Decalogue,
d'honorer pere & mere (ce qui ne se peut interpreter
que de ceux lesquels par la grace de Dieu nous ont en-
gendrez au monde) on a voulu en vne action tant importante, abolir en l'esprit d'vn fils l'entiere souuenan-
ce de son pere ou de sa mere, ne leur faisant l'honneur
de leur en demander leur aduis, que quãd on sçait bien
qu'ils se conformeront à celuy de leurs enfans; pour les
rendre ingrats pardessus tous les ingrats : & les faire
estre de ceux desquels on a dit. *Ni pareant patri, haben-*
dum infortunium.

Math. 13. 9. Ceux-là se sont aydez de ce qui est en S. Mathieu.
Patrem nolite vocare vobis super terram, vnus est enim pa-
ter vester, qui in cœlis est. Lesquels termes sont fort peu à
propos de la question presente, si ce n'est pour les tirer
en vn sens contraire. Car si nous n'auõs autre pere que
celuy

celuy qui eſt au Ciel, pourquoy N. Seigneur a-il dit à
ce jeune homme qui luy demandoit ce qu'il feroit pour
auoir la vie eternelle, qu'il honorât ſon pere & ſa mere,
ce que perſonne n'a interpreté de l'honneur qu'il faut
porter à Dieu? Auſſi ce Commandement eſt-il mis en
cet endroit entre ceux du Decalogue, apres l'obeiſſance
deuë à Dieu noſtre pere commun.

Doncques il s'agit de ſçauoir quelle obeiſſance les
enfans doiuent au pere & à la mere, laquelle obeiſſance
eſt generalement & indefiniment cõmandee de Dieu,
quand elle ne conduit à peché. Or ſi nous n'auons autre pere que celuy qui eſt au Ciel, le Pere & Createur
de toutes choſes, celuy duquel Iob a dit, *Manus tuæ fe-*
cerunt me, & encores le Pere de tous les Croyans: certes
le Commandement d'honorer ſon pere, qui eſt au Decalogue, eſt fruſtratoire, ce que nous ne deuons ny
croire ny penſer. Car c'eſt trop peu de choſe de le reduire à les nourrir en cas d'extreme neceſſité, cela eſt
entre les œuures de charité. Auſſi, ſi vn fils ne fait l'honneur de ſon obeiſſance en cete action, qui eſt la plus re-
marquable de ſa vie, quand fera-il à ſon pere & à ſa mere l'honneur qui luy eſt commandé de Dieu? Il le faut
donc entendre de ceux deſquels Dieu s'eſt ſerui pour
la naiſſance des enfans. Auſquels enfans, ſi on fait perdre le reſpect, l'honneur & l'obeiſſance qu'ils doiuent
à leur pere (entre lequel on tient que l'homme n'a entre
les choſes humaines rien plus agreable) on les mettra
au rang des viperes, la mere deſquels tue le pere en cõ-
ceuant vne engeance, qu'elle ne iette hors que quand
elle creue. Et en ce cas Melchiſedech n'auroit pas eſté
ſans pere.

Nous appellons par excellence Dieu noſtre Pere,
ſelon l'inſtruction que IESVS-CHRIST ſon Fils nous
en a donné, comme le Pere & Createur de toutes cho-

ſes, qui nous fait ſes heritiers, & les coheritiers de ſon Fils : mais cela ne deſtruit pas le commandement d'honorer noſtre pere temporel, & de luy obeir, *Quando carnalibus parentibus noſtra obſequia ſunt neceſſaria, nec nos aliquid contra Deum inducant,* dit S. Thomas, lequel n'ignoroit point que nous auons au Ciel vn Pere commun. Et auparauant luy Hugues de S. Victor, Chanoine regulier de Latran, expliquant ce Commandement d'honorer pere & mere, auoit dit : *In his honora quæ contra Deum ſummum non ſunt, obediendo, & in neceſſitatibus ſuis quantum potes ſubueniendo.* C'eſt à dire, demeurer touſjours en ſon deuoir, & ne pas donner la Loy à ſon pere ou à ſa mere ; car en cela vn enfant n'a jamais fait ce qu'il doit, s'il n'a fait ce qu'il peut. Et le meſme Sainct Thomas au meſme endroit, dit. *Sicut per pietatis officia colimus parentes, ita per religionem colimus Deum.* Puis apres auoir décrit les degrez de la pieté, au premier deſquels il met Dieu noſtre Pere commun qui eſt au Ciel; puis au ſecond le pere & la mere, *qui ſunt noſtri eſſe, & gubernationis principia:* il adjouſte, que *cultus, qui Deo debetur, includit in ſe cultum, qui debetur parentibus,* comme vne œuure de miſericorde qui nous eſt commandee, *quod ideò* (dit-il) *arbitror eueniſſe; quia hæc fieri præcipuè mandat Deus, quæ ſibi præ ſacrificiis placere teſtatur. Impius filius, qui patrem vel oderit, vel ignoret:* diſoit Lactance. Et apres qu'Ariſtote nous a dit, que le fils eſt la dependance du pere, vne portion de ſa ſubſtance, vn rayon de ſa lumiere, c'eſt à dire de ſon eſtre & de ſa vie, enfin l'vn de ſes membres, Saluiā acheue, diſant: *Non putandi ſunt membra parentum filÿ, à quibus affectu cœperint diſcrepare.* Origene qui a ſi biē dit, quand il a biē dit, s'eſt eſcrié, *Nomen patris grande myſterium eſt: & nomen matris arcana reuerentia.* S. Ignace en rend la raiſon, diſant qu'en la generation, *parentes Dei*

2. 2 quæſt. 101. art. 4.

Hugo de S. Vict. ſumma ſentent Tract. 4. cap. 4.

2. 2. qu. 101. art. 1.

Lib. 4. De vera Sapientia. cap. 4.

Lib. 1. mag. moral. cap. 54.
Lib. 3. de Prouidentia ſub finem.
Homil. 11. in Leuiticum.
Ep. ad Philadelphenſes.

cooperatores sunt.

Encores veut-on adjoufter ces paroles de S. Paul. *Ad Heb.11.9.*
Deinde Patres quidem carnis noſtræ habuimus, & reuereba-
mur eos: num multo magis obtemperabimus patri ſpirituum,
& viuemus? Au quel propos, ie m'ébahis comment on
prend ces deux mots, *Patres carnis*, & *patri ſpirituum,*
pour antithefe, comme contraires; ſi ce n'eſt que lon
reconnoiſſe que S. Paul parle du pere infidelle à IESVS-
CHRIST: (car alors il y a de l'antithefe, & il n'y a plus
de queſtion) & non du pere & de la mere qui feruent &
fuiuent Dieu en la vocation où il luy a pleu les appeller,
lefquels il commande aux enfans d'honorer par leur
obeïſſance. C'eſt pluſtôt vn argument du moins au plus;
Car en cet endroit S. Paul approuuant la reuerence
qu'il faut porter au pere charnel (reconnoiſſant que
nous auons encores vn Pere, *vltra Patrem ſpirituum*) il
dit, qu'il la faut porter encores plus *Patri ſpirituum.* Et
pour cela il ne dit pas qu'il faut méprifer fon pere charnel, & malgré luy choiſir vne forme de vie en laquelle
il eſt intereſſé,& luy desobeir, quand en fon commandement il n'y a rien de contraire au commandement
de Dieu, & à la charité où giſt la perfection. Cela fe
connoiſtra mieux en confiderant, que là S.Paul exhorte
ceux, qui appellez au Chriſtianifme (*inter incunabula naſ-* *In Epitaph.*
centis fidei, dit S. Hierome) auoient laiſſé leurs peres de-   *Nepotiani.*
dans le Iudaïfme, aufquels *offerebat ſe Deus tanquam fi-*
lijs: & leur enfeigne, que ſi auparauant ils ont creu aux
enſeignemens de leurs peres charnels, & leur ont obeï
auec le refpect dont ils leur eſtoient tenus: à plus forte
raifon deuoient-ils eſtant, par la grace de Dieu, Chreſtiens, obeir *patri ſpirituum, vt viuerent;* comme il a dit
ailleurs: *Noſtra conuerſatio in cœlis eſt.* Et encores: *nec*
vocemini magiſtri, quia magiſter veſter vnus eſt Chriſtus.
Ce qui n'eſt pas le cas de noſtre queſtion, ou le com-

mandement du pere, *non eſt contra Deum.* Ie ne croy dõc
point que pour mépriſer noſtre pere temporel nous de-
uions penſer que nous n'auons autre pere, que celuy
que nous auons au Ciel : non plus que le ſage fils de
Syrach, qui a tant recommandé l'honneur qui eſt deu
au pere temporel, en ce que nous auons cy-deuant raporté du 3. de l'Eccleſiaſtique : Ny que ç'ait eſté l'intention de S. Paul, puis qu'il ordonne aux Eueſques qui
eſtoient de ſon temps, *Filios habere ſubditos cum omni ca-*
ſtitate, ce que lon a interpreté de la filiation tempo-
relle.

C'eſt pourquoy i'ay ci-deuant dit, que l'opinion de
ceux qui diſent que l'enfant peut entrer en Religion,
inuitis parentibus, quando non ſubeſt extrema, Vel quaſi ex-
trema neceſſitas, s'entend *de parentibus infidelibus.* Car
encores y auroit-il vne queſtion, que ie ne veux icy diſ-
cuter, ſi vn fils qui peut faire ſon ſalut ſans eſtre Moine,
peut ou doit entrer en vn Cloiſtre, & abandonner ſon
pere, non Catholique, en ſon beſoin, auquel Dieu peut
chacune heure du jour faire la grace de ſe conuertir.

Ce que ie veux adjouſter pourra ſeruir d'exemple,
& non de reſolution, pource que ç'a eſté en la profeſſion d'vne fille. Le vingt-neufiéme de Nouembre 1599.
il ſe preſenta vne cauſe en noſtre Parlement, entre vn
pere appellant comme d'abus de la profeſſion faite par
ſa fille au Monaſtere de Saincte Claire à Peronne, contre ſon gré & ſans conſentement; Dautant que depuis
qu'il auoit conſenti que ſa fille entra en ce Conuent,
pour y faire ſa probation pendant ſon Nouiciat,
eſtant deuenu Heretique huguenot, il auoit reuoqué
ſon conſentement, & l'auoit fait ſignifier à l'Abbeſſe.
Au contraire l'Abbeſſe apres auoir proteſté qu'elle ne
vouloit point derober la fille au pere, pour lui faire profeſſer les vœux de Religion: mais que c'eſtoit vne choſe

éloignee de toute raifon, que ce qu'vn pere au temps
qu'il faifoit profeffion de la vraye Foy & orthodoxe
auoit eu pour agreable, il fut receu à le des-auoüer &
fe dedire, s'eftant rendu ennemi de la vraie Religion &
foy Catholique.   Sur ce la Cour trouua lieu d'ordon-
ner par Arreft interlocutoire, que la fille feroit oüie
pardeuant le plus prochain Iuge Royal du lieu, fur fa
volonté & confentement libre de faire profeffion de
Religieufe, & que pour cet effect elle feroit conduite
hors du Conuent, & mife entre les mains d'vne hon-
nefte Bourgeoife, comme en fequeftre, pour eftre in-
terrogee fur la forte de vie, qu'elle defiroit choifir à
l'aduenir, & fçauoir d'elle fans contrainte, fi elle aimoit
mieux viure parmi le monde, que faire profeffion de
Religion en vn Monaftere. Prejugeant la Cour que ce
pere eftant Heretique, & qui eut vrai femblablement
détourné fa fille du feruice de Dieu, eftoit indigne que
fa fille felon la difcipline de l'Eglife attendit fon confentement. Ainfi nous tenons, que licitement on peut
ofter aux peres infideles l'education de leurs enfans fideles & Chreftiens, lefquels par le Baptefme, *foluti funt
à patria poteftate,* le pere demeurant infidelle, & neant- *Cap. Iudæi.*
moins ne font point priuez de leur fucceffion. Il y en a *ext. De Iudæis*
vn decret pour les Iuifs, tiré par Gratian du quatriéme *Gl. ad verb.*
Concile de Tolede : qui ne dit pas feulement que leurs *Iudæorum.*
enfans fe peuuent faire Moines contre la volonté de
pere & de mere, mais il ordonne que leurs enfans
(Chreftiens & baptifez fans contrainte) *Ne parentum* *Can. Iudæo-*
vltra innoluantur erroribus ab eorum confortio feparen- *rum. 28. q. 1.*
tur , deputandos aut Monafterijs, aut Chriftianis mulie-
ribus, ac viris Deum timentibus , vt fub eorum conuerfa-
tione cultum fidei difcant, atque in melius inftituti, tam in
moribus quàm in fide proficiant. Et ne penfe point que
l'Eglife en ayt autant ordonné pour le regard des en-

H iij

fans des Chreſtiens & Catholiques.

Ceux qui veulent ainſi induire les enfans au mépris de pere & de mere, & leur faire la guerre en les fuyant, s'aydent d'vn autre propos de N. Seigneur, qui dit en S. Mathieu. Ne penſez pas que ie ſois venu pour enuoyer la paix en terre. *Ie ne ſuis pas venu pour enuoyer la paix, mais le glaiue. Car ie ſuis venu ſeparer l'homme d auec ſon pere, la fille d'auec ſa mere, & la bru d'auec ſa belle mere : & feray que les domeſtiques de cet homme ſeront ſes ennemis. Celuy qui aime ſon pere & ſa mere plus que moy, n'eſt pas digne de moy.* Tout lequel propos ſe doit entendre quand l'vn veut empécher l'autre de ſeruir à Dieu, ou le deſtourner du chemin de ſalut. Car lors il faut abandonner pere & mere, & (comme les Leuites) méconnoiſtre ſes parens, puis qu'ils ſont ennemis de Dieu. *Nonne qui oderunt te Domine oderam? perfecto odio oderam illos, & ſuper inimicos tuos tabeſcebam,* diſoit le Prophete Roy. Mais il ſe faut bien garder de croire, que Dieu ait commandé au fils de haïr ſes pere & mere qui ſont ſeruiteurs de Dieu,& qui deſirent le ſalut de leur enfant,ſelon l'inſpiration que Dieu leur donne. Et cete Prophetie a eſté,long temps y a,accomplie,quand à la naiſſance de l'Egliſe tant de Chreſtiens ont eſté condamnez à la mort par la delation,accuſation,& témoignage de leurs pere, mary, parens , & domeſtiques ennemis de ceux qu'ils deuoient aimer. Le recit de tant d'exemples ſeroit trop long en cet endroit.

Ne ſeroit-ce pas vne vraie foibleſſe d'eſprit de penſer, que IESVS-CHRIST, lequel a commandé l'amour, l'honneur, & la deüe obeïſſance au pere & à la mere, qui s'eſt rendu obeiſſant à Dieu ſon Pere iuſques à la mort; qui a dit ailleurs, *Que l'homme laiſſera pere & mere pour aymer ſa femme :* qui depuis nous l'a fait commander par S. Paul, ait dit indefiniment. *Si quelqu'vn*

vient à moy, & qu'il ne haïſſe point ſes pere & mere, ſa
femme, ſes enfans, ſes freres & ſes ſœurs, & encores ſa
vie, ne peut eſtre mon Diſciple : Et qu'il l'ait voulu dire,
ſinon pour monſtrer que l'amour que nous luy deuons
ne doit eſtre ſubalterne à aucune choſe que nous puiſ-
ſions imaginer : puis qu'il dit, que pour luy il nous faut
hair tout ce que l'homme peut auoir de plus cher en ce
monde, quand il faut haïr ſoy-meſme, & ſa propre vie.
Mais cela n'includ pas indefiniment la haine du pere,
de la mere, de la femme, laquelle eſt compatible auec
l'amour de Dieu, quand on les aime pour l'amour de
Dieu, lequel n'eſt tout compris dedans la profeſſion des
vœux de Religion : Auſſi la cauſe de cete haine commandée eſt l'infidelité enuers Dieu, & l'aueiſion du ſalut enuers les enfans. C'eſt ce que S. Auguſtin a bien
exprimé, quand il a dit, *Diligit vnuſquiſque proximum*
ſuum tamquam ſeipſum, ſi diligit Deum: nam ſi non diligit
Deum, non diligit ſeipſum : Suiuant ce que S. Iean auoit
dit, *Si quelqu' vn ſe vante d'aymer Dieu, & il hait ſon frere,*
il eſt vn menteur.

   Pour preuue de cela, ie raporteray l'aduis de quelques Docteurs de l'Egliſe, que ma memoire ne peut ſug-
gerer preſentement, comme celle de S. Auguſtin, ex-
poſant ce paſſage de S. Mathieu 19. v. 19. *Id debet intelli-*
gi (dit-il) *cum illa conditio proponitur, vt Chriſtum di-*
mittat. Quoy ceſſant, il n'eſt point à croire que Dieu
vueille que nous haiſſions pere, mere, & nos parens,
puis qu'il nous a commandé d'aimer nos ennemis, mais
non les ſiens. Sainct Gregoire l'a bien expliqué en peu
de mots, en vn lieu dont nous auons parlé cy-deuant,
diſant, que nous deuons aimer nos parens & nos pro-
chains, mais de telle ſorte, *vt quos aduerſarios in via Dei*
patimur odiendo, & fugiendo neſciamus. I'en veux
adjouſter vn autre tiré du Decret de Gratian. Ceux qui

conseilloient facilement le diuorce entre le mary & la femme, comme icy entre l'enfant & le pere, s'aydoient de ces mesmes passages : *Omnis qui reliquerit domum , vel fratres, aut sorores , aut patrem , aut matrem , aut vxorem, aut filios, aut agros, propter nomē meum centuplum accipiet,* en S. Mathieu 19. 29. Celuy de S. Mathieu 10. 34 & de S. Luc 14. 6. qui portent quelle est la haine que lon doit porter à son pere & à sa femme. Mais Gratian le couppe court, *vxorem infidelem , non fidelem dixit odio habendam.* Et au mesme endroit sur le passage de S. Mathieu 19. il dit ; *Vxorem in hoc loco infidelem significat : quæ propter Christum dimittitur : dum potius ipsa quam Christi fides deseritur.* Ce qui est facile à accorder auec ce que Sainct Paul a dit, *Que la femme infidelle sera sauuée par le mary fidelle.*

Ad Corinth. 7. 14.

Ie croy que ie ne feray point de faute , si apres Gratian ie dis que ces passages s'entendent, *de patre infideli, & non fideli.* Car comme le lien de l'homme & de la femme conjoints par mariage est grand , le deuoir des enfans enuers le pere & la mere n'est pas petit;puis qu'ē cela la transgression de fait ou de parole au commandement de Dieu est punissable par la mort presente. Ces enfans au cœur endurci ne sçauent pas bien quels sont les effects de la charité, *quæ tota proiecta est ;* Ils ne regardent pas le pere qui les a éleuez auec tant de soin en sa jeunesse, & lequel en sa vieillesse leur crie : Mon fils, *depositum redde* , qui est vne marque de Chrestien , dit Tertulian. Il luy dit, Mon fils, n'attendez pas que ie sois reduit à mon pain querir,pour me secourir en tant d'autres necessitez ; attendez encores vn peu, *Donec veniat immutatio mea, moriturū expecta paulisper, & sepeli,* comme parle S. Hierome parlant d'vn simple pere nourrissier, qu'il appelle, *secundum post naturalem pietatem patrem :* Et cependant en seruāt Dieu de tout nostre cœur, rendons

rendons nous dignes de la participation aux prieres
communes de l'Eglise noſtre Mere. Conſiderez, mon
fils, que Dieu n'aura jamais des-agreable, ſi au milieu du
monde regardans noſtre corps comme les fers de noſtre captiuité, nous nous rendons modeſtes entre les
turbulents, honteux entre les effrontés, abſtinens entre
les diſſolus, chaſtes entre les voluptueux, courtois entre
les reueſches, moderez entre les debauchés, ſobres entre les gourmans, eſpargnans entre les prodigues, &
pudiques entre les efeminez.

Certes, ceux qui ſe ferment (liſant ſuperficiellement
les Autheurs) en cete propoſition indefinie, qu'vn enfant peut entrer indiferemment en Religion contre la
volonté de pere & mere, & reduiſent toutes leurs conſiderations à vne miſerable mendicité & à faute de pain,
deuroient prendre garde de ne tomber en l'hereſie de
Euſtachius condamnee au Concile de Gangre par le   *Diſt. 30.*
Canon. *Si qui filij*, duquel nous auons parlé cy-deuant.
Car Euſtachius diſoit, que *nullus in coniugali gradu poſi-*
tus, nec vllus fidelis, qui non omnibus renunciaret quæ poſſi-
deret, ſpem vllam ad Deum haberet; Il diſoit que *Filijs* *Can. prima*
licebat parentes maximè fideles deſerere occaſione Dei cul- *adnotatio.*
tus, & nõ potius debitum honorẽ parentibus reddere, & mul- *Diſt. 16.*
ta alia venenoſa, quæ enumerare longum eſſet, dit Gratian. Et pour preuue de leur opinion, ils alleguoient
cete meſme ſentence de l'Eſcriture: *qui reliquerit patrem*
aut matrem propter me, centuplum accipiet. Neammoins
cete doctrine fut par ſeize Eueſques aſſemblez en ce
Concile de Gangre anathematiſee par vingt Decrets, la *Glo. ad verb.*
pluſpart deſquels ſont raportez par Gratian en cete 30. *Dei cultus.*
Diſtinction. Il n'y a donques point de difference entre *Can. ſi qui fi-*
ces deux opinions, (ſi diference il y a) ſinon que les *lij. Diſt. 30.*
vns diſent, que c'eſt pour entrer en Religion: & Euſtachius diſoit, que c'eſtoit *occaſione Dei cultus.* Et les der-

niers, superficiellement y apportēt vne limitation, qui
est l'apparence de mourir de faim par le pere & la mere.
Tellement qu'à leur aduis il n'y aura que les pauures qui
sont en apparence de tomber en mendicité, lesquels
seront honorez & obeis de leurs enfans, ausquels (comme nous auons dit) il peut arriuer diuerses necessitez
plus grandes que la faim en vn pauure homme. Et çela
ne regarde point la question si le vœu fait par vn enfant
pubere, contre la volonté du pere peut-estre irrité, &
par qui : Nous touchons le poinct du deuoir enuers
Dieu, & enuers le pere & la mere : Comme vn homme
de nostre siecle l'a d'vne belle plume compris en vne
ligne. *Dieu tout premier, puis pere & mere honore;* lequel
honneur ne se peut restreindre à vne simple nourriture
en cas de necessité.

Il ne faut pas obmettre, vne preuue tiree de l'Euangile, laquelle plusieurs, *filiam à parente diuidentes,* ont
pensé estre forte, pour faire croire, que le commandement de suiure Dieu, (la trace de laquelle suite ils en-
ferment dedans le Monachat professe contre la volonté du pere & de la mere) est si preciz; que N. S. n'a pas
donné le loisir à vn Disciple de faire vn œuure de charité, qui estoit d'aller enseuelir son pere: mais il luy a commandé de le suiure à l'instant. Il y a icy quelque chose à
dire de la voix de IESVS-CHRIST viuant entre les
hommes en la vocation des Apostres, dont nous parlerons cy-apres. A present nous disons que cela n'est pas
dit pour enseigner, qu'il faut laisser l'obseruation des
commandemens de Dieu pour le suiure : Car Dieu ne
tient pour ses enfans, que ceux qui font ses commandemens ny pour monstrer qu'il n'y a point de moyen de
le suiure que d'abandonner pere & mere pour faire les
vœux de Religion. Au contraire, il a voulu monstrer à
ce Disciple auquel il parloit, & en sa personne à tous les

*Hier. Epist.
ad Furiam de
vid. seruāda.*

Chreſtiens, que ſon pere (auquel il deuoit toute ſorte
d'aide, pour l'honneur & pour l'amour de Dieu ſuiuant
ſon commandement) eſtant mort, il n'auoit plus beſoin
de ſon aſſiſtance, & que rien ne le pouuoit plus empécher de le ſuiure au meſme inſtant : Autrement, il luy
eut dit comme à l'autre, *Honora patrem tuum, & ma-* Math. 19. 21.
trem tuam. En quoy ie ne puis eſtre de l'opinion de Ly-
ranus, & de ceux qui ont penſé que le pere de ce Diſciple n'eſtoit pas encores mort, ains qu'il auoit demandé
permiſſion de l'aſſiſter juſques à ce qu'il fut mort & en-
ſeueli. Il faut pluſtoſt ſuiure l'opinion de S. Chryſoſto- *Hom.* 28. *in*
me, de S. Baſile, de Theophilacte, & d'Euthimius, puis *Math.*
que le texte ne parle que de la ſepulture ; & dire auec *Lib. De conſt.*
S. Thomas, que ne reſtant à ce defunct que l'enterre- *monaſt. ca.* 21.
ment, il pouuoit eſtre fait par autre que par ſon fils. Faut
encores noter que N. S. a voulu monſtrer la qualité du
pere de ce Diſciple, & des ſiens. A ſçauoir que c'eſtoiẽt
gens qui ne connoiſſoient point IESVS-CHRIST,
(comme ont penſé S. Chryſoſtome, & S. Ambroiſe) ou *Homil.* 28.
des pecheurs mondains, qui ne penſoient qu'aux choſes *In Pſal.* 48.
temporelles, leſquels il appelle *mortuos*, ſuiuant ce que *Ad Epheſ.* 2.
dit S. Paul. *Cum eſſetis mortui delictis, & peccatis veſtris,* *v.* 1.
in quibus aliquando ambulaſtis. Et apres luy S. Hierome, *Hier. Epiſt. ad*
Vixit enim quicumq; credit in Chriſtum. Et qui in illum cre- *Heliodorum.*
dit, debet vtiq; quomodo ille ambulauit, & ipſe ambulare. *lib.* 2. *& Epiſt.*
Autrement les morts ne peuuent enſeuclir les morts. Si *ad Furiam. de*
lon adjouſte que comme la ſepulture du pere de ce Diſ- *viduit. ſer-*
ciple ſe pouuoit faire par autre que par le fils, ainſi le fils *uanda.*
qui veut opiniaſtrement ſe rendre Moine contre la vo-
lonté de pere & de mere, peut pouruoir à leur aſſiſtance
par autruy, & ſe deſcharger de céte obligation, les re-
commandant à Dieu : Ie reſpons ce qu'a dit S. Thomas, 2. 2. *q.* 101.
Hoc eſſet tentare Deum : cum habens ex humano conſilio *Art.* 4.
quid agas, periculo parentes exponit, ſub ſpe diuini auxilij.

I ij

Et faut en céte matiere tousjours retenir la doctrine de S. Thomas, laquelle nous auons raportee cy-deuant: Que l'honneur commandé de Dieu estre porté au pere & à la mere ne consiste pas seulement en des complimens, des salutations, & des paroles de soye, a dit le venerable Beda apres Sainct Hierome, mais aussi en la nourriture, comme s'entendent ces mots de S. Paul: *Viduas honora, id est, Ecclesiasticis eleemosinis ale.* Et non seulement en la nourriture, mais en toute sorte d'assistance. Ce que N. Seigneur a exprimé, quand reprochant aux Scribes leur mauuaise doctrine sur ce commandement du Decalogue, il leur a dit: *Et vltra non dimittitis eum, quidquã facere patri suo aut matri, rescindentes verbum Dei. Facere enim aliquid patri suo, & matri, id est illos iuuare, est illos honorare,* a dit le docte Maldonat) *faciendo parentibus debitum auxilium.* Voicy les mots de S. Thomas sur ce propos. *Est ergo dicendum, quod in honoratione parentum intelligitur omnis subuentio, quæ debet parentibus exhiberi: Vt Dominus interpretatur. Math. 15. Et hoc ideò, quia subuentio fit patri ex debito tamquam maiori.*

Si ie ne craignois que ce discours fut plus long que ne requiert la bien seance d'vne consultation; ie transcrirois icy ce que Maldonat adjouste au mesme endroit. Que ce n'est pas assez pour purger vn fils de sa contrauention à ce commandement, quand contre la volonté de son pere il se fait Moine, si au partir il leur dit qu'il priera Dieu pour eux, & leur appliquera tout vne partie de ses souffrances & de ses oraisons: C'est proprement dire à vn pauure qui demande l'aumone, *Dieu vous soit en aide;* & cependant il meurt de faim & de froid, & au pere & à la mere *Corban.* Il faut (afin que cela soit agreable à Dieu) se faire Moine auec le consentement & la benediction de pere & de mere, ou ne l'estre point de leur viuant; & s'ils suruiuent, esperer que le

1. Timot. 5. v. 3.

Maldonat. in cap. 15. Math.

2. 2. q. 101. art. 1. ad primum.

fils, lequel n'ětrera pas en Paradis en qualité de Moine, y pourra entrer en qualité de Chreſtien, qui aura pun-ctuelement obſerué le commandement dē Dieu. Car pour eſtre bō Moine, il ne faut pas deuenir mauuais enfant. Mais il faut croire S. Hierome, quand il nous dit; *honora patrem tuum, ſed ſi te à vero patre non ſeparat.* Ce que ne fait point le pere, qui veut que ſon fils faſſe comme luy ſon ſalut en Iesvs-Christ: Alors S. Hierome luy dit, *Tamdiu ſcito ſanguinis copulam, quãdiu ille ſuum nouerit creatorem.* Dire qu'vn pere aiant beſoin de ſon fils deſire qu'il faſſe ſon ſalut ſans entrer en vn Monaſtere, où le ſalut n'eſt point infaillible, ait pour cela oublié Dieu, c'eſt vne indiſcretion. En cela qu'importe-il au fils où il viue bien, pourueu qu'il viue bien? *Non quæruntur in Chriſtianis initia, ſed finis. Iuſtitia iuſti non liberabit eum in quacũq; die peccauerit. Et impietas impÿ non nocebit ei, in quacumque die conuerſus fuerit ab impietate ſua.*

Il y a encores vn autre argument que lon fait ordinairement en cete matiere, tiré de l'exemple de la vocatiõ de S. Iacques & de S. Iean, leſquels appellez par Iesvs-Christ pour le ſuiure, ont incontinent laiſſé leurs retz & leur pere, & l'ont ſuiui. Lequel exẽple n'a gueres de relation à la preſente queſtion, où il eſt parlé du fils d'vn pere Catholique, pere qui eſt au chemin de ſuiure Dieu, qui luy dit ; qu'obeïſſant au commandement de Dieu, & ſatisfaiſant à toute l'aſſiſtance qu'il luy doit, il peut faire ſon ſalut, ſans l'abandóner pour ſe faire Moine. Et ceux qui mettent cet exemple en auant, n'ont pas bien conſideré la diſtinction qu'il faut mettre entre la vocation exterieure & expreſſe, & celle qui ſe fait interieurement par inſpiration. Car ce n'eſt pas vn exemple concluant, de ce que ces deux Apoſtres ont au commãdement exprez, & à cete voix qui produiſoit des effects miraculeux (auſſi ſont-ils appellez enfans du tonnerre)

Hieron. Epiſt.
ad Furiam, de
viduitate ſeruanda.

Ezech. 18.

Math. 4 v. 22.

ont laifsé leurs retz, qui eftoit peu de chofe, ores que ce fut (poffible) le plus beau de leur bien. Voire leur pere, *Tunc fortaßis Chriftum nefcientem,* lequel nous ne lifons point y auoir contredit, comme il eft posé en noftre queftion. Outre, que (comme dit S. Thomas) *æftimabat ipfum poffe aliter Vitam tranfigere eis Chriftum fequentibus.* Et en ce que nous traitons, la queftion eft, fur la contradiction du pere ou de la mere contre fes enfans, lefquels enfans ne doiuent jamais eftre mis en paralelle auec le pere & la mere. Puis cet exemple ne fe peut-il pas raporter à tous les enfans de pere ou mere, infidelles ou heretiques, lefquels nous fommes d'accord pouuoir eftre quittez & abandonnez pour fuiure IESVS-CHRIST foit en vn Cloiftre, foit dedans le monde; où ils pourront plus profiter?

2.2. q. 101. art. 4.   Toutes ces autorités de l Efcriture, ont fait faire vne queftion à S. Thomas (ie parle fouuent de ce fainct Docteur, pource que nous fommes en vne queftiõ Scholaftique) *Vtrum occafione Religionis fint prætermittenda pietatis officia in parentes.* Ce qui raporte aucunement à ce que nous auons dit cy deuant du Canon, *Si qui filÿ:* Sur laquelle, il ne fufit pas d'entendre fa conclufion, qui eft. *Cum pietas, & religio fint duæ Virtutes, non funt propter religionem dimittenda pietatis officia, nifi ex his à cultu Dei Valde diftrahamur:* fi lon n'entend de luy mefme les raifons d icelle. Il dit, que la pieté & la Religion font deux vertus. Or nulle vertu contrarie ou repugne à l'autre; car le bien n'eft jamais contraire au bien: partant la pieté & la Religion ne fe peuuent tellement empefcher, que l'action de l'vne exclue l'action de l'autre: (ce qui arriueroit, fi fous pretexte de Religion on manquoit à ce qui eft de la pieté) Car l'acte de chacune vertu eft limité des circonftances requifes, lefquelles fi on furpaffe, ce n'eft plus vne action de vertu, mais de vice. C’eſt pourquoy il eſt de la pieté de rendre deüement l’honneur & le deuoir qui eſt deu aux pa-rens. Or, puis que ce n’eſt pas vn bon deuoir, que l’homme ſoit plus porté à honorer ſon pere, que Dieu; ſi l’honneur & l’obeïſſance enuers les parens nous re-tiroit du ſeruice de Dieu, ce ne ſeroit plus vn acte de pieté de leur obeir plus qu’à Dieu: Mais ſi obeiſſant à nos parens nous ne ſommes empéchez d’honorer Dieu, ce ſera vn acte de pieté. Et ainſi il ne faut point pour la Religion abandonner la pieté.

C’eſt en ce meſme article & en ce ſens, que Sainct Thomas raporte vn paſſage tiré d’vne Epiſtre de Sainct Hierome: lequel pour ce qu’il eſt ordinairement en la bouche de beaucoup de gens, entendu de peu, & im-portant à pluſieurs, ie veux coucher en Latin, pource qu’on l’a rendu ſi frequent, qu’il ſemble que les fem-mes le veulent entendre; puis en François, afin qu’elles l’entendent entierement. Le Latin eſt. *Licet paruulus ex collo pendeat nepos, licet ſparſo crine, & ſciſsis ve-ſtibus vbera, quibus te enutrierat, mater oſtendat: Licet in limine pater iaceat, per calcatum perge patrem : ſiccis oculis ad vexillum crucis euola. Solum pietatis genus eſt, in hac re eſſe crudelem.* Le François eſt. *Si voſtre petit Neueu ſe pend à voſtre col: encores que voſtre mere toute decheuelee, apres auoir dechiré ſa robe, vous monſtre les mamelles deſquelles elle vous a nourry, bien que voſtre pere ſoit couché ſur le ſeüil de l’huis, paſſez par deſſus voſtre pere, & le foulez aux pieds, puis ſans pleurer vol-lez à l’eſtendart de la Croix. Ce n’eſt qu’vne eſpece de pieté d’eſtre cruel en cela.*

A la verité, vn Eſcriuain moderne a bien dit en cét endroit: que c’eſt vne eſpece d’aſſaſſinat, d’aleguer vn Autheur contre ſon ſens, & ſans ſçauoir bien ſon inten-tion. Si ceux qui s’aidant de ce texte, tirent d’vn fait

Ep. Ad Helio-dorum, lib. 2.

particulier vne confequence generale, auoient voulu confiderer la caufe, & puis la fuite de cete hiftoire, & ce que S. Hierome a depuis fait & efcrit, ils n'en parleroiẽt pas de cete façon. S. Hierome aiant efté baptisé, *adulta iam ætate*: fe refouuenant de la vie diffoluë qu'il auoit menee auparauant, defira de mieux viure: Et en ce premier boüillon de deuotion, refolut de fe retirer au defert, tant pour y faire penitence du paffé; qu'afin que par les duretés de la vie Monachale il peût furmonter les paffions de la jeuneffe, où il eftoit demeuré fans conduite: & auffi pour eftudier, a dit de luy Baronius. Cete fubite refolution le prit quand il eftoit en Aquilée pres de Ruffin, auquel depuis il écriuit: *Poftquam me à tuo latere fubitus turbo conuulfit, poftquam glutino charitatis hærentem impia diftraxit auulfio*, & fe rendit au defert de Syrie, où il eut pour compagnon Heliodore. Quelque temps apres Heliodore fe voulut retirer & retourner en fon païs, foit qu'il euft entendu la mort de fon beaufrere, & qu'il defirât aller affifter fa fœur, & fon petit enfant Nepotian (car lors on n'auoit point reduit l'affiftance deüe aux parens au cas d'vne miferable mendicité) foit que la vie du defert ne luy fut point agreable, *meis fceleribus fugatus abfcefsit*, dit S. Hierome; mais auec promeffe qu'il retourneroit, cete promeffe n'aiant aucun effect: & apres cete longue attente, il luy écriuit céte belle & elegante Epiftre, de laquelle eft tiré ce paffage, toute pathetique & pleine d'affection, pour le perfuader, ce qui ne reüffit pas. Car Heliodore demeura au monde, & fut Euefque. Et Sainct Hierome mefme vint à Rome, & fit tous fes voyages, jufques à ce qu'en fon aage bien auancé, il fe retira en la Paleftine dedans le Monaftere que cete bonne Dame Romaine Paula auoit fait baftir en Bethleem.

Là vrai-

Baronius ad an. 372.
Hier. Epift. 4.

Hier. Epift. 41.

Epift. ad Iulianum Diaconum. lib. 4.

Là vraisemblablement il reçeut la lettre de Nepotian
neueu d'Heliodore, par laquelle il le prioit de luy donner conseil, côment il se deuoit côduire pour faire son
salut. S. Hierome luy respondit par vne lettre que nous
auons entre ses Epistres: Et se souuenant de ce qu'il
auoit escrit long temps auparauant à Heliodore par
vn dessein particulier, & non pour seruir d'instruction
generale, il luy dit en aussi beaux termes, qu'il auoit escrit céte precedente Epistre. *Quand estant encore ieune
& presque en ma premiere enfance, ie voulois par les mes ai-
ses du desert reprimer les premiers assauts de mon aage fola-
stre, i'escriuis à vostre oncle Heliodore, vne lettre persuasiue,
pleine de larmes & de complaintes tesmoignantes le regret
que i'auois, de ce que mon compagnon m'auoit laissé. Mais en
cet ouurage, ie me suis lors ioüé selon mon aage, & estant encores tout fraiz sorty des estudes des Rethoriciens, i'ay craiô-
né quelque chose comme font les Escholiers. Maintenant
blanc de vieillesse, ayant le front ridé, lors que le fanon me
pend sous le menton comme aux bœufs, que mon sang se fige
en mes entrailles.*

    Toutes choses ont leur aage, ainsi comme l'esprit
     Merin plus de chansons, puis que la voix me fuit.

Puis il adiouste. *Afin que ie ne parle plus selon la gentilité,
ains comme ie l'ay apprins en la lecture de la saincte Escri-
ture: I'ay (comme Dauid) couché auec la Sunamite Abisag,
rouge en escarlate, eschauffée par la lecture des saincies lettres, qui nous signifie que la sagesse doit venir abondamment
auec les ans & beugler comme les flots de la mer quand elle
approche.* Ie laisse ce qui suit, qui se peut voir en l'original ou (parlant apres S. Cyprian) il dit *& diserta & for-
tia.* Car ie n'ay transcrit ce texte que pour monstrer le
iugement que S. Hierome a fait de son escrit: & que
ce n'est pas vn precepte ou conseil vniuersel, bien qu'il
soit salutaire selon ses circonstances, & hors la contra-

K

: uention aux commandemens de Dieu.

Ie pourrois bien dire, que selon le discours de sainct Hierome il a reuoqué son premier aduis, au cas qu'il eust esté vniuersel; puis qu'il a esté dict au milieu de ce parlement en vne cause plaidée sur céte matiere. Mais pour ne point entrer en céte difficulté, *& ne Dodonei labetes altius tinniant*: tousiours est-il vray de dire, que sainct Hierome n'a point conseillé à Nepotian de se faire Moine, contre le gré de sa mere; Ains cóme il auoit instruit vn Moine en la personne d'Heliodore, il a instruit vn prestre à la voye de salut en la personne de Nepotian; nous parlerós cy apres de l'instruction qu'il baille aux courtisans. D'où ie veux inferer, que ce n'a point esté l'opinion indefinie de S. Hierome, que ce fut chose tellement necessaire à salut d'estre Moine, qu'il y fallut voler tout nud, & pour y aller fouler aux pieds son pere ou sa mere Catholiques.

Aussi S. Hierome ne s'est point engagé dedans céte necessité, & n'est point demeuré au desert apres quatre ans de Nouitiat: mais (comme il a dit de luy-mesme) il s'est contenté de sonner la trompette sans aller à la charge. Et prenant ceux qui luy en eussent demandé la raison, il dit. *Quod si tibi tacita cogitatio, scrupulum moueat, cur monitor ipse non talis sim, qualem te esse desidero, & nonnullos videris, in medio itinere corruisse, illud breuiter respondebo; non mea esse qua dico, sed donum Saluatoris: non monere quod ipse possim, sed quid debeat velle, qui seruus futurus est Christi.* Bien qu'en son vieil âge ayant pourueu sa sœur, & lors que ses pere & mere decedez n'auoient plus besoin de son assistance, il se soit fait Moine & Abbé: Heliodore auquel il auoit escrit, ne l'a point esté, & a prins céte Epistre pour vn simple conseil: non plus que Nepotian, qui mourut prestre seculier, pendant qu'il prenoit peine de se rendre capable de faire

Epist. ad Iulian. Lib. 2.

là charge d'Euefque apres fon oncle Heliodore, a dit S.
Hierome en fon Epitaphe. Au contraire fi nous vou-
lons cercher dedans S. Hierome (non plus auant que le
fujet où nous fommes) fon opinion, de laquelle on puiffe tirer vne inftruction generalle, fuppofant (comme il
y a grande apparence) que Heliodore n'eftoit point fils
d'vn Chreftien (qui eft vne des circonftances de noftre
queftion) puis qu'apres la mort de fon beau-frere il retourna du defert. *Vt fi fieri poffet fororem cum paruulo vi-*
duam, deinde fi confilium refpueret, faltem nepotem dulciffi-
mum conferuaret: Nous trouuerons, que l'affiftance deuë
par les enfans au pere & à la mere eft fi fuffifante pour
empefcher qu'ils ne fe facent Moines contre leur volonté, qu'il trouua bon que Heliodore fortit du defert,
& retournaft en fon païs pour affifter fa fœur, & à fon
refus ce petit neueu, duquel il auoit parlé par fa lettre.
Car il dit depuis, *Hic eft enim ille, de quo tibi quondam vati-* Hicro. in
cinatus fum: Licet paruulus ex collo tibi pendeat nepos. Et fe- Epift. Nep.
roit contre raifon, penfer que S. Hierome euft tant pri-
fé l'affiftance du frere à la fœur, & qu'il euft confeillé
de fouler aux pieds l'honneur que le fils doit à celuy
que les mieux inftruis appellent leur feigneur & pere:
qu'ils ne peuuent proferer fans fe fouuenir de celuy qui
a dit. *Si pater fum, vbi eft honor meus? Si Dominus ego fum,*
vbi eft timor meus?

Mais puis que, comme difent les Grammairiens, lon
ne peut mieux interpreter vn Autheur que par luy mefme; Voyons fi dedans céte mefme Epiftre nous pour-
rons trouuer quelque chofe qui nous ayde à foubçon-
ner quelle a efté l'intention de S. Hierome; & s'il faut
prendre ces paroles dont on fait vn precepte, pour vn
confeil donné à tous ceux qui ne font pas Moines.

Il fe plaint en céte Epiftre d'vn Moine qui eftoit for-
ti de fon defert, & n'y retournoit point. Et noftre que-

ſtion eſt d'vn fils lequel n'y eſt pas encores entré. Il ſe plaint d'vn hõme, qui eſtoit lié de promeſſe : Nous parlons d'vn enfant, lequel n'a encores rien promis : Apres auoir donné aduis à Heliodore de meſpriſer tout ce qui le pouuoit détourner de retourner au deſert. Il ſe ſouuient de ce qui fait la preſente queſtion & dit. *At contrà ſcriptura præcipit, parentibus obſequẽdum.* La reſpõce qu'il fait eſt ce qui reſout noſtre queſtion. *Sed quicũque eos ſupra Chriſtũ amat, perdit animã ſuã.* Car tous ceux qui ont ſuiui la meilleure opinion, qu'il y a plus d'obligation d'accomplir le commandement de Dieu, que de ſuiure le conſeil Euangelique, ont dit, comme i'ay dit cy deuant, que l'amour de Dieu ne doit eſtre ſubalterne à rien que lon puiſſe imaginer : pour ce qu'il le faut aymer ſur toutes choſes, & aymer pere & mere pour l'amour de Dieu : Mais il faudroit au contraire monſtrer que celuy qui demeure au monde pour ſeruir Dieu & aſſiſter ſon pere, ayme ſon pere plus que Dieu, qui peut eſtre bien ſerui au monde ; ou que perſonne n'ayme Dieu plus que ſon pere, ſi pour entrer au cloiſtre il n'a paſſé ſur le ventre de ſon pere ; afin de laiſſer le monde, où il y a tant de meſ-ayſes & tant de mortifications. Qui eſt vn poinct que S. Hierome a preueu encores en cete meſme epiſtre : quand en la perſonne d'Heliodore il demande par preuention. *Quid ergo? quicunque in ciuitate ſunt, Chriſtiani non ſunt?* A quoy il fait cete reſponce. *Non eſt tibi eadem cauſa, quæ cæteris.* Ce qui monſtre aſſez que ce qu'il eſcriuoit à Heliodore n'eſtoit point vne doctrine generale, mais qu'il parloit particulierement à Heliodore, lequel aux lignes ſuiuantes il ſomme de garder & accomplir ce qu'il auoit promis : à ſçauoir de ſe rendre parfait, & nous parlons d'vn fils que lon veut faire entrer en la voye de perfection en contreuenant au commandement de Dieu.

Il monſtre encores que ce n'eſt pas vne doctrine generale; quand parlant des preſtres (cela ſert à monſtrer
quels eſtoient les Moines du temps de S. Hierome)
il dit, *Alia Monachorum eſt cauſa, alia clericorum.* Et vn
peu apres ne meſpriſant pas ceux qui ſeruent à Dieu dedans le monde, il dit, *Non facit Eccleſiaſtica dignitas
Chriſtianum. Cornelius Centurio adhuc ethnicus dono ſancti
Spiritus mundatur. Presbiteros Daniel puer iudicat. Amos
ruborum mora diſtringens , repente Propheta effectus eſt.
Dauid paſtor eligitur in Regem. Minimum diſcipulum Ieſus
amat plurimum. Inferius frater accumbe.*

Si ie ne craignois eſtre ennuieux , ie tranſcrirois icy
ce que le meſme S. Hierome dit en recommendation
de la vie que Nebridius fils de la ſœur de l'Empereur
auoit mené non ſeulement dedans le monde ; mais au
milieu de la Cour de l'Empereur. Ie diray ſeulemēt que
l'ayant comparé auec ce Centurion, duquel I E S V S.
C H R I S T dit en l'Euangile, *Non inueni tantam fidem in
Iſrael,* il raporte ces mots de S. Pierre. *In veritate cogno-
ui, quoniam non eſt perſonarum acceptor Deus , ſed in omni
propoſito, qui timet Deum, & operatur iuſtitiam, acceptus eſt
illi.* Encores ne puis-ie laiſſer de dire , afin de monſtrer
que ce qu'eſcrit S. Hierome en cete Epiſtre à Heliodore n'eſt point vne doctrine generale qui excuſe vn fils,
lequel par deſ-obeïſſance denie à ſon pere l'honneur
qu'il luy doit : Que ſelō ce qu'eſcrit S. Hierome tous les
Moines qui ſe ſont faits Moines pour entrer Religieu-
ſement en la voye de perfection eſperant d'y paruenir,
& qui ont veſcu & viuent dedans leur païs , n'ont point
voulu paruenir à cete perfection. Car voicy les mots de
ſainct Hierome *ex hac ſupputatione illa ſumma naſcitur,
Monachum perfectum in patria eſſe non poſſe: Perfectum autem eſſe nolle, delinquere eſt.* Il faut donc dire (ſi cete Epiſtre contient vne doctrine generale) ou qu'il faut que

Epiſt. ad Sal-
uianam, de
ſeruanda vi-
duitate lib. 3.

Matth. 8.
Act. 10. 34.

tous les Moines fortent de leur païs, oû que S. Hierome
a eu vn particulier deſſein de tirer extraordinairement
Hilarion hors de ſon païs, & ne pas tirer en vne neceſſaire conſequence les perſuaſions de S. Hierome, leſquelles eſtant particulieres à celuy auquel il eſcriuoit,
ne ſont (poſſible) pas des poincts de doctrine.

Ceux qui vont deffendre (pleuſt à Dieu qu'ils n'euſ-
ſent voulu que l'excuſer) cete dure ingratitude des enfans entrans de céte façon en vn Monaſtere, & les meſpris qu'ils font des peres & des meres, quand côtre leur
volonté ils s'engagent, pour n'auoir plus l'occaſion de
patir auec eux en leurs neceſſitez, ou n'auoir plus le
moyen de les aſſiſter en leur beſoin; ſe ſont voulu pre-
ualoir d'vn Canon que Gratian a tiré du Concile Prouincial tenu en l'an 895. à Tribut, non loin de Mayence
ſous l'Empereur Arnoul, *pro tuenda Epiſcopali autoritatè
contra quoſdam laïcos*, a dit Genebrard : Et des conſtitutions de Iuſtinian Empereur qui viuoit enuirô l'an 530.

A la verité il eſt bien ayſé de faillir quand on ne di-
ſtingue pas les temps, & qu'on ne diſcerne pas les perſonnes. Qui trouuera iamais bon, que pour regler l'entrée que font maintenant les Moines dedans les Cloiſtres, lon tire en conſequêce les loix de Iuſtinian faites
en ſon temps ſelon la qualité des Moines de ſon temps?
ou qui pourra raporter les vœux & les actions des Moines de ce temps à celles de tous les Moines qui ont eſté
depuis la naiſſance de l'Egliſe? Il ſe faut ſouuenir qu'autres ont eſté les Moines que S. Denis nous teſmoigne
auoir eſté de ſon temps, non dedans les deſerts, mais entre le peuple Chreſtiê : autres les Therapeutes, ou The-
rapeutriens de Philô Alexandrin, lequel viuoit du têps
des Apoſtres, deſquels S. Hierome *in Catalogo*, a fait S.
Marc le premier Autheur, & autres les Moines qui ont
eſté depuis, & qui ſont encores à preſent. Surquoy ie ra-

Can. puella.
20. q. 2.

Auth. Ingreſ.
ſi. Cum ſeq.
Cod. de Sa-
croſan Eccleſ.
L. Deo nobis.
Cod. de Epiſ-
cop. & cler.

porteray pour plus grande briefueté, la remarque qu'en a fait celuy qui nous a enuoyé l'Assertion de l'Episco-pat de S. Piat premier Euesque de Tournay. A sçauoir, que dés le commencement de l'Eglise le peuple Chrestien estoit diuisé en deux parties, dont l'vne estoit le Clergé, l'autre le peuple lay. Que le Clergé se diuisoit encores en trois ordres: le premier, celuy des Euesques, le second des prestres, & le tiers des Liturges. Que le peuple lay estoit pareillement distingué en trois. Le premier celuy des Cathecumenes, Energumenes, & penitēs; Le second celuy qu'on appelloit le sainct peuple: & le troisiesme celuy des Moines: Lesquels ordres sont fort bien raportez les vns aux autres. Car comme tout le ministere de la Hierarchie consiste en trois, ou à purger, ou à illuminer, ou à perfectionner, ce qui regarde l'ordre Ecclesiastic: Ou à estre purgé, illuminé, ou perfectionné en l'ordre des lays. L'ordre des Liturges est appellé purgatif: celuy des prestres illuminatif, & celuy des Euesques perfectif. Ainsi respectiuement les Cathecumenes, Energumenes, & penitens sont reputez l'ordre qui est purgé, le S. peuple qui vit Chrestiēnemēt, illuminé, & l'ordre des Moines perfectionné, quād il atteint à la perfectiō. En céte façō ces Moines estoiēt entre le peuple lay, & ceux qui faisoient profession d'estre en la voye (autres disent en l'estat) d'vne plus grande perfection que les autres, & d'vne vie plus deuote & spirituelle. Leur Monachisme ne consistoit pas à se sequestrer de la compagnie des autres hommes, se retirant dans les deserts, comme ont fait les hermites: mais à se distraire & sequestrer spirituellement des choses de ce mōde: & se tenant recueillis en eux-mesmes, seruir à Dieu par affection & pensée, autant que l'humaine fragilité le peut permettre, mesme à ceux qui pour de bōnes & iustes considerations, demeurent dedās le tracas

Assertion de l'Episcopat de S. Piat Pa. 75.

S. Denis au liure de la Hierarchie.

Et en l'Apologie pour les œuures de S. Denis Areopagite.

du monde, que tous les esleus de Dieu ne peuuent pas quitter. S'il estoit question de faire des Moines de céte qualité; la presente question seroit bien facile à resoudre. Retournons au discours de cete Hierarchie. A cét effect ils estoient initiez par le prestre qui les interrogeoit, premierement, s'ils ne renõçoient pas, non seulement à toutes vies diuisées, mais aussi à toutes pêsées. Par apres il leur remonstroit quelle est la parfaicte maniere de viure; luy protestant qu'il falloit qu'il s'eleuast pardessus l'estat de moyenne perfection (il entendoit parler du commun peuple Chrestien lay) & se conformast autãt qu'il estoit licite à la vie des prestres. Neantmoins, il demeuroit tousiours en l'ordre de laiz : & se trouuant aux Liturgies & publiques assemblées de tout le peuple, leur rang en icelles estoit auec le peuple lay, & leur estoit defendu d'entrer au presbitere, c'est à dire au lieu ou se faisoit le sainct sacrifice. Ainsi (dit-il ailleurs) ce n'est pas sans raison que de verité les mysteres tres-saincts sont sequestrez de tous. Mais l'ordre des saincts Euesques en approche plus pres que les autres, & apres celuy des prestres, & consecutiuement celuy des Liturges ou Ministres. Toutesfois les portes des plus saincts lieux sont fermées aux Moines, aupres desquelles ils se tiennent, non pour les garder, mais pour ce que c'est leur rang.

De là nous apprenons trois choses. La premiere, que lors & encores à present, on peut suiure Dieu sans estre Moine retiré dans vn Cloistre. La seconde, qu'on peut estre Moine sans trãsgresser le cõmandement de Dieu abandonnant pere & mere. Et la troisiesme, qu'on peut viure en Moine dedans le monde (si le monachat consiste à se distraire de la vie que menent ordinairement les pecheurs dedans le monde) voire en la Cour des Empereurs & des Rois, comme i'ay cy deuant dit

de Nebridius

Dionisius.
Epist. 8. ad
Demofilum
Monac.

de Nebridius apres S. Hierome, en bien vſant des richeſſes que Dieu nous a données, puis que, *diuiti non
obſunt opes, ſi eis bene vtatur: nec pauperem egeſtas commen-
dabiliorem facit, ſi inter ſordes, & inopiam peccata non ca-
ueat.* Dequoy nous auons vn bel exemple dedans le
meſme S. Hierome qui a vrayement recommandé la
ſaincte vie Monaſtique, que ie ne veux obmettre icy:
pource que c'eſt vne leçon de conſolation pour tous
ceux, qui dedans le monde vſent bien de leurs richeſſes, & ſuiuent la juſtice, que Dieu a donnée pour regle
de nos actions. *Semita iuſti recta eſt, rectus callis iuſti ad* ſai.cap.26.
ambulandum, diſoit vn Prophete. C'eſt choſe permiſe, a
dit S. Gregoire, *vt quiſquis illicita nulla commiſit, licitis* Greg.ho.20.in
vtatur: ſicque pietatis opera faciat, vt tamen ſi voluerit, ea, Euang.
quæ mundi ſunt, non relinquat.

Paulin eſtant à demy reſolu de ſe ranger à la vie ſo- Hier. Epiſt.
litaire, telle que menoient les Moines de ce temps-là: ad Paulinum.
pria S. Hierome par ſes lettres, de luy preſcrire la forme lib. 2.
ſelon laquelle il deuoit viure, pour tenir le chemin de
ceux qui deſirent faire leur ſalut. Surquoy il preueut
que Paulin homme capable de profiter aux autres en
faiſant ſon ſalut, n'eſtoit point pour demeurer tousjours dedans vne cellule: ains que montant à vn degré
de plus haute perfection, il ſe rendroit vtile, à luy &
à l'Egliſe de Dieu, capable qu'il eſtoit d'eſtre Eueſque,
qui eſtoit vne voie de perfection plus recommandable
que celle d'vn ſimple Moine. Pour ce, comme en la
perſonne de Ruſtique il auoit inſtruict les Moines, &
en écriuant à tant de bonnes Dames, les veſues ſur leur
façon de viure: il voulut inſtruire les Eueſques, & en
leurs perſonnes ceux qui ont leur conuerſation au milieu du monde, dedans les richeſſes : car il n'écrit pas
comme on parleroit à vn pauure Eueſque. *Si officium*
(dit-il) *vis exercere Presbiteri, ſi Epiſcopatus te vel opus,*

L

vel honor forte delectat, viue in vrbibus & castellis, &
aliorum salutem fac lucrum animæ tuæ. Sin cupis esse
Monachus, quid facis in vrbibus? Il dit apres, que ceux
qui viuent en la crainte de Dieu dedans le monde,
imitent les Apoſtres : auſſi ſont-ils propoſez à tous les
Chreſtiens pour les imiter. Les Moines ont pour pa-
trons ces anciennes lumieres de deuotion, Paul, Antoine, Iulien, Hilarion, Macaire, meſme Helie, He-
liſee, & les enfans de Rechab.

Et parlant particulierement à Paulin, il dit. Puis
que vous eſtes retenu du ſainct lien de voſtre ſœur,
(qu'euſt-il dit s'il eut eſté retenu du ſainct lien de ſon
pere ou de ſa mere) en quelque lieu que vous ſoyez,
fuyez les grandes compagnies, ces frequentes viſites,
& les grands banquets. Ne mangez que des herbes &
des legumes, & vn peu de poiſſon en vos plus grands
feſtins. Tenez pour choſe indiference toutes les vian-
des qui ſont ſemblables quand le gouſt en eſt paſſé.
Eſtudiez tousjours, priez ſouuent : & pendant qu'en
vos prieres vous courbez le corps, eſleuez voſtre ame à
Dieu. Pour dormir peu couchés-vous auec voſtre ap-
petit. Ne ſoufrez point de flateurs aupres de vous. Di-
ſtribuez vous meſme vos aumoſnes, ſans vous fier à autruy : le maniment de l'argent perdit Iudas. Ne ſoyez
pas plus ſuperbe pour ce que vous portez vne méchante
robe. Fuyez la conuerſation des mondains, & ſpecialement des riches. Ne maniez point l'argent d'autruy. Soyez ſimple comme vne Colombe, & ſage comme vn ſerpent. Il eſt autant vicieux à vn Chreſtien de ſe
laiſſer tromper, que de tromper autruy. N'entendez
parler d'argent que pour faire des aumoſnes. Le vray
Temple de Dieu eſt l'ame fidelle que vous deuez pa-
rer & orner, pour y loger IESVS-CHRIST. Em-
ployez bien vos aumones, afin de ne donner le bien

des pauures à autres qu'aux pauures. Ne faites rien afin
de paroiftre: Car Dieu fçait ce qui eft au plus profond
de voftre ame.

Voila ce que requiert Sainct Hierome des actions
exterieures de ceux qui fuiuent Dieu dedans le monde,
foit Ecclefiaftique, foit Laïque. Ce que ie dis icy pour
monftrer que S. Hierome a creu, que lon peut faire fon
falut dedans le monde : Et que d'eftre Moine, n'eft pas
chofe tant abfolument neceffaire, que pour y entrer il
faille violer le commandement de Dieu, premier &
preferable au confeil Euangelique, & refufer l'o-
beïffance au pere qui ne commande point le peché,
en fin voler dans vn Cloiftre (c'eft à dire en toute
maifon de profeffion Monachale) *Per calcatum pa-*
trem.

Il faut reprendre le propos commencé fur la diuerfi-
té des Moines; auquel pour quelque confideration particuliere, ie laiffe à parler du Conuent & maifon Monachale de Sainct Roux, ou de Sainct Ruff, depuis demeuré chef d'Ordre, lequel fut eftabli dés le temps des
Apoftres en cete façon : & auffi obmis en l'Affertion de
Sainct Piat.

Rufus Iuif, que nous apprenons en l'Euangile auoir Marc. 15. 21.
efté fils de Simon le Cyreneem auec Alexandre fon
frere, apres la Refurrection de N. Seigneur arriua en
Prouence auec le Lazare, fes deux fœurs, & Maximin,
que nous aurons depuis appellé Mefmin. Il fe retira en
Auignon, où aiant enfeigné au peuple la Religion
Chreftienne, la préchant de parole, & par l'exemple
de fa bonne & fainte vie, il fut fait Euefque, en laquelle qualité l'Eglife celebre annuellement fa memoire.
Depuis il erigea vn Monaftere en icelle ville, dedans Baron. in Martyr.
lequel il recueillit certain nombre de Moines, qui viuoient fous fa direction. Ce Monaftere a fubfifté en

Auignon foubs le nom de Sainct Roux, ou Sainct Ruff,
enuiron mil ans : & jufques à ce que fur quelque occurrence (ceux qui ont dit que ç'auoit efté pour la guerre
des Albigeois fe font trompez en la Chronologie) les
Moines fe retirerent prez la ville de Valence en Dau-
phiné, où ils bâtirent vn plus grand Monaftere , qui eft
tousjours demeuré chef d'Ordre, & Superieur de plufieurs Monafteres, qui font tant en France , Italie , Por-
tugal, Sauoye, qu'ailleurs, au nombre de plus de cent.
Et à ce Monaftere erigé en Abbaye , enfemble aux
membres en dependans, les Papes Vrbain I I. qui tenoit
le fiege en l'an 1088. & Pafchal I I. fon fucceffeur ont
donné de grands & beaux priuileges.

Outre ces premiers Moines defquels parlent S.
Denis, Philon, & ceux que i'ay nommés, les premiers
Chreftiens ont veu ces bons Moines Anachoretes,
lefquels la faincte deuotion, ou l'aprehenfion des per-
fecutions auoient jetté dans les deferts de la Thebaïde,
& autres. Entre lefquels dez le commencement du fecond fiecle, fut choify Thelefphorus le neufiéme Pape
apres Sainct Pierre , pour gouuerner l'Eglife vniuer-
felle. Et en ce temps-là, ces bons Hermites (entre
lefquels S. Hierome a vefcu quelques années) viuoient
à part chacun en fa cellule, ou pluftoft chacun en fa deuote cauerne. De quelques-vns d'entr'-eux nous pour-
rons dire quelque chofe cy-apres.

Deux cens ans apres, à fçauoir du temps de Con-
ftantin le grand, ce grand Abbé Antoine, lequel *fuit in
vultu amabilis , in fidei puritate mirabilis* (dit S. Atha-
nafe) & mourut aagé de cent cinq ans, apres auoir le-
gué fes deux habits à deux Euefques, commença à af-
fembler ces Anachoretes, pour ce que *remota tempefta-
te perfequutionis , expletis longis noctibus infidelitatis* , il
fut trouué plus à propos, que les Moines vefcuffent en

compagnie que seuls : & en fit ces belles, grandes & sainctes compagnies de Moines, les pieuses & penibles actions desquels, font des merueilles à ceux qui les lisent auec la mesme pieté qu'elles ont esté faites. Ames pieuses & deuotes, lesquelles si elles retournoient au monde seroient estonnées, qu'entre ceux qui font profession de la vie Monachale, ceux qui disent ensuiure la vie actiue de Marthe, se plaignent quand on les appelle Moines.

Laquelle institution faite par Sainct Antoine, autres deux cens apres, à sçauoir enuiron l'an 525. ces deux grands personnages, Sainct Basile en Orient, & Sainct Benoist en Occident renouuellerent chacun selon les regles qu'ils en dresserent. Establissement si beau & tant vtile en l'Eglise de Dieu, que Sainct Benoist ayant de son viuant fait bastir douze Monasteres de son Ordre; on a depuis compté en la Chrestienté trente-trois mil Abbaies, & quatorze mil Prieurez de ce mesme Ordre : dedans lequel tant d'autres Ordres se sont depuis incorporés. En iceluy on a choisy vingt-quatre Papes, deux cens Cardinaux, seize cens Archeuesques, quatre mil Euesques, & quinze mil sept cens Abbés, bien remarquables en doctrine & saincteté de vie. Tous lesquels, mesme ceux qui ont esté éleuez aux plus hautes dignités, n'ont pas laissé de suiure IESVS-CHRIST, pour n'estre pas demeurés perpetuellement en la pauureté dans vn Cloistre.

Ie ne veux pas toutesfois obmettre à dire, que cent ans auparauāt, Sainct Augustin auoit (outre les Chanoines reguliers, qui ont si long temps composé les Chapitres des Eglises Cathedrales) institué la Regle, selon laquelle nous voyons tant de bons Moines surnommés Hermites, viure en vn si grand nombre de Conuens. Et long temps apres ont estés institués les Ordres des

Moines de Sainct François, Sainct Dominique, & autres qui se sont depuis sainctement introduis en l'Eglise; lesquels ie loüe de tout mon pouuoir: mais ie blame fort le mépris & la des-obeissance faite au pere & à la mere, pour entrer en ces compagnies. Ce que i'entens tousjours dire parlant des peres & meres Catholiques.

A pres cete digression, reuenons aux Constitutions de l'Empereur Iustinian, lesquelles, quelques Escriuains ont tiré (comme vtiles à leurs intentions) à leur auantage, & disons : Que de vouloir raporter les regles de ces diuers Ordres, à la profession que font à present les Moines, à la façon de viure des Moines qui estoient du temps de Iustinian , tirant ses Constitutions en consequence, il n'y a point d'apparence, car il s'y trouue trop de dissimilitude.

Il est certain, que du temps de Sainct Hierome, qui viuoit au siecle precedent celuy de Iustinian , toutes les resolutions , & les vœux des Moines , & leurs obeïssances enuers leurs Superieurs n'estoient point si contraintes , qu'elles sont à present : & n'obligeoient pas tant estroitement à ne point sortir du Cloistre. L'exemple en est en ce bon Malchus , duquel nous auons parlé cy-deuant. Apres auoir sejourné long temps en son Conuent, ayant entendu que son pere estoit decedé, sa charité le porta à vouloir sortir, & retourner en son païs, pour assister sa mere, qui n'estoit pas reduite en extreme necessité de viure : puis qu'il auoit dessein de vendre apres le decez de sa mere son bien , pour employer le prix comme il auoit resolu. Son Abbé luy voulut dissuader cete sortie par de bonnes raisons , mais ce fut en vain.

Or il ne faut point douter, que si ces vœux eussent

esté semblables à ceux que lon fait à present', & que l'Abbé eut eu pareil pouuoir que maintenant les Superieurs ont sur leurs Moines, il ne l'eut jamais laissé sortir, puis que iustement il en auoit tant de regret. Ainsi les Moines, desquels parle Iustinian, ne faisoient point de vœux irreuocables de demeurer perpetuellement au Monastere, bien qu'ils y fussent entrez en cete esperance: ains en pouuoient sortir, & se marier quand ils vouloient, subissant la peine portee par la Loy. Et cela leur donnoit le moyen de venir assister leurs pere & mere au besoin. Ils ne renonçoient pas à tous leurs biens, desquels ils pouuoient disposer, ne demeurant au Conuent, que ce qu'ils y auoient expressement donné. Du reste ils pouuoient assister pere & mere, & en disposer au profit de leurs enfans, sauf vne portion au Monastere. *L. Deo nobis §. huius autē. Cod. de Episc. & Cleric. Auth. De Monachis §. si quis autem. Col. 1. & ibi gl. ad verb. & nihil.*

Ainsi voyons nous; que par vne Loy des Empereurs Theodose & Valentinian, inseree dedans le Code de Iustinian; les Moines comme les autres Clercs pouuoient transmettre leur heredité, tant *ab intestat*, que par testament. Ce qui monstre qu'ils estoient proprietaires de leurs biens; mesme pendant le Monachat. En ce temps là ils pouuoient faire profession, *cum retentione proprij* : maintenant vn Moine qui est trouué auoir particulierement possedé quelque chose en propre, est declaré indigne de la sepulture. Pource qu'à present cete retention de propre est iugee contraire à la substance de la profession de pauureté. Ce qui est cause que quand vn fils, qui se seroit inconsiderement fait Moine, voudroit sortir de son Cloistre pour assister son pere tombé en necessité, vingt ou trente ans apres cete profession, sortiroit sans aucuns biens, & sans industrie pour en gaigner (car la pieuse retribu- *L. Si quis 21. Cod. de Episc. & Cleric. Auth. si qua mulier. Cod. de Sacrosanct. Ecclef. Glos. mag. ad verb. dedicauit.in Authēt. Ingresi. Cod. de Sacrof. Ec. Cap. vlt. De condit. appos. Cap. super quodam. Cap. cum Monast. De stat. Mon.*

tion pour la celebration d'vne Meſſe ne luy ſuffiroit pas:) & ſeroit pluſtoſt vne double charge, qu'vn nouueau ſoulagement au pere ou à la mere. Et cela n'eſt-il point dit pour inferer qu'vn Moine doit auoir du bien propre: mais pour monſtrer que les conſequences que lon tire des Conſtitutions de Iuſtinian ne ſont pas bonnes.

Auth. ſed Epiſcopalis Cod. De Ep. & Cler.

I'adjouſte, que par les Loix de Iuſtinian, le Monachat, *Ne à patris quidem poteſtate filium liberabat.* Il n'y auoit que l'Epiſcopat: meſme, de droit le fils de famille, pour eſtre fait Preſtre, n'eſt point hors de la puiſſance paternelle, qui a eſté introduite en la faueur des peres & meres; pour les maintenir par le droit poſitif en la crainte reuerentiale que Dieu leur a commandee:

Ad L. patre furioſo. D. De ijs qui ſunt ſui vel alieni iuris.

mais demeurent tousjours en leur puiſſance, s'ils ne ſont emancipez, dit Barthole. Comme auſſi le Curé, ou Prieur ſeculier, s'il n'eſt pareillement emancipé: encores que ce qu'il acquiert de ſon induſtrie, ou des fruicts de ſon benefice luy doiue demeurer propre,

L. Sacroſäcta. Cod. de Epiſc. & Cler.

Tanquam caſtrenſe, aut quaſi caſtrenſe peculium, diſent les Docteurs. De façon, que ſi la profeſſion Monaſtique, deüement faite, c'eſt à dire du gré de ceux qui y doiuent conſentir, *nunc liberat à patria poteſtate,* c'eſt à cauſe de l'adoption qui ſe fait par vn Abbé, ou autre Superieur: Mais (comme il a eſté dit cy-deuant) l'adoption ne ſe peut faire, contre la volonté du pere naturel: *Qui enim ſui iuris non eſt, neque ſe, neque aliud quicquam poteſt obligare.*

Accurſ. ad §. 1. Inſt. de pat. poteſt.

Ie ſçay bien que quelques Docteurs Vtra-montains apres Accurſe, ont penſé qu'en France les enfans n'eſtoient point en la puiſſance paternelle, telle qu'elle eſt introduite de droit ciuil. Mais les plus aduiſez ont tenu, que ſi. Et pour euiter vne longue traiſnée de raiſons qu'on

qu'on allegue à ce propos, ils se resoluent sur les ordinaires emancipations, qui se font chacun iour, lesquelles supposent la puissance paternelle. Aussi n'est-il pas
question icy de cete puissance qu'auoient anciennement les peres sur la vie de leurs enfans: ains du deuoir
duquel les enfans sont obligez enuers leurs peres &
meres par la loy de Dieu.

C'est encores vne autre difference; Qu'il estoit en-
ioint de se bien informer de la qualité & condition de
celui qui se rendoit Moine, & pourquoy: *ne forte malus
sit, & Deo displiceat*, dit la Constitution de Iustinian, *Nouel. 4. de Monachis & asetriis.*
qui leur deffend d'auoir des chambres separées, & leur
permet de tester apres qu'ils auoient esté Moines profez. Puis, pour l'establissement d'vn Prieur ou autre Superieur, il en falloit auoir le iugement de l'E-
uesque.

Nous apprenons dauantage par le r'escrit d'Inno- *Cap. Consulti.*
cent III. enuoyé à l'Abbé d'Afflighem, & vn autre de *cap. statuimus.*
Gregoire IX, que lors, celui qui estoit resolu de profes- *ext. De Regu-*
ser le Monachat, pouuoit renoncer à l'année de pro- *larib.*
bation: ce qui ne se fait à present.

Et afin d'aprocher plus prez le temps auquel a esté
tenu le Concile de Tribut d'où Gratian a tiré le Canon
Puella, duquel nous auons parlé cy deuant. Nous auons
les Constitutions de ce bon Empereur Grec Leon VI. *Imp. Leonis*
faites enuiron l'an 890. prez de quatre cens apres Iusti- *Const.*
nian, esquelles raportant celles de Iustinian, il permet
aux Moines de disposer non seulement des biens qu'ils
auoient *ante susceptam monasticam vitam*, mais aussi de
ceux qu'ils auoient acquis apres auoir esté Moines. Et
en la constitutiõ suiuante, il permet à ceux qui ont fait
profession à dix ans de pouuoir tester ayant atteint l'â-
ge de seize ans. Ce qui est bien cõtraire à ce qui se practique à present : & tel qui ne se peut tirer maintenant

en consequence; comme estant fait en vne autre sai-
son, que celle de Iustinian; & en vn tēps auquel Char-
le-Magne auoit dit parlant des Moines de son temps: *aliquos ex illis non tam causa deuotionis, quàm pro exercitio, seu pro alia functione regali fugienda, quosdam vero cupiditatis causa ab his, qui res illorum concupiscunt circamuentos audiuimus, & hoc ideo fieri prohibemus.* Ce qui sert encores pour monstrer ce que nous auons dit cy deuant, à
sçauoir, qu'il y a des cas esquels on peut empescher vne
personne d'entrer au Monastere.

Il y a vne autre remarque sur ce sujet, c'est qu'anciē-
nement tous ceux qui estoient dans les Cloistres, n'y
entroient pas sur de-pareilles considerations, & pour
Cap. post trāslationem ext. De renunciat. semblables causes; comme nous apprenons d'vn r'escrit d'Innocent III. Car les vns y entroient *causa pœni-
tentiæ*, les autres *propter crimen.* Les premiers y entroiēt
volontairement, les seconds y estoient iettez par com-
lib. 5. cap. 12. mandement, pour y seruir, & se repentir. Ainsi Anno-
nius nous dit, que lOthaire punissant ceux qui auoient
cōspiré cōtre luy: *laïcos præcepit locis opportunis adtōderi,
Clericos vero, in conuenientibus itidē Monasterijs custodiri.*
Et par le Canō sixiesme du huictiesme Cōcile de To-
lete, il est ordonné que les Diacres & les prestres qui se
rendrōt incorrigibles. *Vsq; ad exitū vitæ suæ monasteriis*
Paulus Aqui-legiēsis lib. 20. *deputati, disciplinis monasticis maneant omnino subiecti.*
Ainsi l'Empereur Philipicus se vēgea de l'Euesque Ieā,
quem exilio relegauit in monasterio. Ainsi Leon fils de Ba-
Cedrenus in vita Leonis. zile, apres que Photius fut condemné & ses crimes
publiez en l'Eglise, il le fit enfermer dans vn Monaste-
re. Et pour parler de nostre France, en voicy vn exemple entre plusieurs. Cōtre les remarques qui s'en trouuent dedans les Constitutions de Charle-Magne & de
son fils : Merouée fils de Chilperic fut tondu & ietté
en vn Cloistre, pour auoir espousé Brunechilde vef-

uë d'vn sien oncle; comme nous lisons dans l'abregé
d'Ado, & dans Regino. Cete façon d'assigner les Monasteres pour punition, & de forcer les volontez, fut
premierement improuuée par la constitution des Empereurs Grecs περὶ φονέων ἐκγόνων, qui est dedans le liure du droit Oriental. Et entre nous, il nous en est resté
quelques vestiges, és Conuens des filles Penitentes.

*1. De l'uymis-
son plaid. 56.*

Voicy encores vn autre exemple, qui pourra seruir,
tant pour monstrer qu'anciennement aucuns estoient
côtrains de se rendre Moines dans les Cloistres, qu'encores que les vœux n'estoient pas tels qu'ils sont maintenant, ny l'authorité des Abbez côme elle est à present, au grand bien de l'Estat Monastique. C'est de ce
sçauant Abaillard, duquel les Prelats de France escriui-
rent au Pape Innocêt II, *Nihil est quod lateat eum; siue in
profundum inferni, siue in excelsum supra.* Celuy mesme
qui ne demeura iamais court, sur quelque question
qu'on luy eust faicte, sinon quand on luy proposa la
loy *Quinque pedum,* où il fut côtraint de dire *Nescio.* Cét
hôme desbaucha Eloise, vray miracle entre les fêmes
sçauãtes; puis se met à enseigner en l'Vniuersité de Paris, où il se porta de telle façon, que les maistres d'icelle
Vniuersité le côtraignirent de se rendre Moine profez
en l'Abbaye de S. Denis, & Eloise Nonain voilée à Ar-
genteuïl. Il demeura quelques années Moine en céte
Abbaie, puis en celle de S. Medard, où il fut transferé
comme en prison-clause. Mais depuis il retourna enseigner en la mesme Vniuersité, d'où il fut contraint de
sortir, & se retirer aux enuirons de la ville de Troye, en
vn lieu où il fit bastir le Conuent du Paraclet, duquel
Eloise fut la premiere Abbesse : Et en ce Conuent
Abaillard fut inhumé ainsi qu'il l'auoit ordonné par
son testament. Maintenant on ne souffriroit point l'esprit extrauagant d'vn Moine (car nous ne lisons point

*Accurs. ad l.
quinque pe-
dum. Cod. fin.
regum, ad
verb. prascri-
ptione.*

qu'il ait apoſtaſié) faire tant de bruit parmy le monde.

Mais il ne faut pas obmettre vne autre conſideration, qui eſtoit en la diſcipline Eccleſiaſtique du temps de l'Empereur Maurice enuiron l'an 600. touchant le Monachat des ſoldats, ſur lequel il ne faut que raporter l'Epiſtre que Gregoire le Grand luy eſcriuit. Le Pape qui ne pouuoit trouuer bõne la violence que l'Empereur aportoit à la diſcipline Eccleſiaſtique, luy eſcriuit en ces termes. *Ie ſuis ſuiet à vos commandemens, & pour ce, la loy d'interdiction aux coleges Eccleſiaſtics de receuoir vos ſoldats à s'y voüer, ie l'ay fait paſſer en diuers lieux de vos terres, & ſeigneuries. Et dautant qu'elle ne me ſemble pas commune auec celle du grand Dieu, i'en ay bien voulu enuoyer mon aduis à voſtre Sereniſsime Maieſté. De ſorte, que i'ay ſatisfait à mon deuoir enuers l'Empereur en executant ſon commandement, & enuers Dieu, en vous diſant librement ce que i'ay eſtimé eſtre de ſon ſeruice.* Raporter icy le ſuiet de l'ordonnance de l'Empereur, & les cauſes de l'Epiſtre du Pape, de laquelle on a tiré de diuerſes conſequences, ce ſeroit ſortir trop loin des termes de noſtre queſtion.

Ainſi toutes conſtitutions reglent politiquement & exterieurement l'entrée du Cloiſtre pour ceux qui ſe font Moines: mais elles n'arrachent pas vn fils des bras de ſes pere ou mere: elle ne les exemptent pas de la puiſſance paternelle, & ne touchent point le deuoir de l'obeïſſance que les enfans doiuent à pere & à mere ſelon le commandement de Dieu, lequel n'a point beſoin d'autre loy ny de conſtitution. Il ne faut qu'obeir à ce commandement auquel Dieu n'a point appoſé de condition: ſi ce n'eſt le cas que nous auons touſiours reſeruè, que le pere commandaſt le peché. Et comme lon dit, qu'en nos actions ordinaires il ne faut pas eſtre plus ſage que la loy, ie dis qu'il ne faut pas eſtre plus ſage que la loy Dieu: ains fuiure l'exemple de ces anciens Moines, ſpecialement celuy d'Heliſée plus que pube-re, lequel eſtant appellé par Helie le pere des Moines pour le ſuiure en la vie ſolitaire, il luy dit : *Ie Vous prie donnez moy le loiſir d'aller baiſer mon pere & ma mere* (ce-la eſtoit aller demander leur congé auec leur benedi-ction) *puis ie Vous ſuiuray.* Helie luy reſpondit, *allez, & retournez, car i'ay fait ce qui eſtoit en moy.* Côme ſi l'vn & l'autre euſt voulu dire, Apres la volonté de celuy qui appelle, & le conſentement de celuy qui eſt appellé, il ne reſte plus que celuy du pere & de la mere, pour ren-dre cét acte en ſa perfection. *3. Regum. cap. 19.*

Cela a paſſé ſi auant en la ſageſſe humaine de ces an-ciens Romains, que l'Edict du Preteur *De liberis agnoſ-cendis* eſt auſſi. *De liberis deducendis. Si Lucius Titius in po-teſtate Lucij Titij eſt, quo minus cum Lucio Titio ducere li-ceat, Vim fieri Veto.* Ce fut par ce pouuoir receu entre toutes les nations, que le pere du Tribun *Flaminius,* l'al-la prendre par le colet, & le fit deſcendre de la Tribu-ne aux harangues, où il eſtoit ja monté pour faire mal-gré le Senat publier la loy du partage. De façon que le viſage de ſon pere, où reluit touſiours vn rayon de la puiſſance de Dieu pere de toutes choſes, luy fit faire, ce que la grandeur du Senat Romain n'auoit peu obte-nir. Cela monſtre que céte puiſſance ne s'eſtend pas ſeulement ſur les impuberes. A quoy i'adiouſte le dire de Cicerõ, Que Cœlius fut accuſé à Rome, *Quod à pa-tre ſemigrârat :* encores qu'il ſe deffendit de ce que, *do-mus patris à fore longe abeſſet, quo facilius à ſuis coli poſſet.* Lors il n'eſtoit pas vn impubere. *L. 3. De liberis exhibendu item dedu-cendis.*

Valer. Flac. lib. 5.

Ie ſçay bien que pour authoriſer ce meſpris du com-mandement de Dieu que l'on nous veut faire croire eſtre couuert par vne accouſtumance de contrauen-tion, l'on me dira, Que comme chacun doit eſtre curieux de ſõ ſalut, il faut choiſir le chemin le plus court, & le plus aſſeuré pour y paruenir: leſquels termes generaux ie confeſſe. Mais touſiours il demeure en queſtion ſi le chemin le plus court & le plus aſſeuré eſt au meſpris de l'honneur & obeïſſance deu au pere & à la mere, & commandé de la part de Dieu quand ils ne commandent point le peché, par lequel chemin lon veut qu'vn enfant pubere ou impubere tienne pour entrer en vn Cloiſtre non pour changer de religion, mais aucunes fois pour changer d'habis. Si pour faire ſon ſalut & entrer en la voye de perfection il faut neceſſairement ſortir du monde, & s'il n'y a point d'autre aſſeurance du ſalut d'vn fils, le pere duquel ne peut trouuer bon que ſon fils le laiſſe que d'entrer au Cloiſtre *per calcatum patrem*, pourquoy tout le monde n'eſt il pas vn cloiſtre, afin que le fils puiſſe eſtre Moine au Cloiſtre ſans abandonner cruellemẽt pere & mere. Ie ne doute point qu'à ce que ie dis il n'y ait des inconueniens, mais il n'y en a point de ſi grãd que de dire indefiniment qu'il faut entrer dans le Cloiſtre, *etiam per calcatum patrem*, pour eſtre ſauué. Puis ce n'eſt pas aſſez d'enſeigner de ſortir du monde (ſi les Cloiſtres ne ſont point dedans le monde) ains il faut apprendre aux enfans de quelque aage qu'ils ſoient, comment il en faut ſortir ſans offencer Dieu, ny ſon pere ou ſa mere. Et encores eſt-ce vne belle inſtruction de monſtrer comme il faut viure dedans le monde, pour eſtre en la voye de perfection ſelon la volonté & le ſainct zele de pere & de mere, qui ont beſoin des enfans, dont Dieu les a benis, & fait naiſtre pour le loüer & ſeruir aupres de leurs pere & mere.

D.Th. 2. 2.
quaſt. 184.
art. 3.

Mais, ſi pour noſtre ſalut il faut entrer en la voye de la plus grande perfection, que ne courons nous tous (nous deſchargeant d'vne ſi eſtroite obſeruance du

commandement de Dieu) à l'Epiſcopat,à l'Archidia-
conat,au Paſtorat,qui ſont(comme i'ay dit)en la voye
d'vn eſtat plus parfait que n'eſt le Monachat? Auſquelles charges ſi chacun ne peut paruenir, ou que chacun
ne les veille accepter,ſe contentant de gouuerner ſon
ame:il faut que les Moines & ceux qui ſont demeurez
au monde hors de ces charges,ſe ſouuiennent qu'en la
maiſon de Dieu il y a pluſieurs & diuerſes demeures:
qu'en la maiſon du pere de famille il y a des vaſes de diuerſes eſtofes : que ceux qui ſont entre les parfaits ne
ſont pas touſiours les plus parfaits, mais bien ſouuent
les plus ingrats. *Plerumque enim culmen prælationis acci-
piunt, qui in charitate Dei & proximi perfecti non ſunt.* _S.Greg.lib.4._
Qu'ils penſent à ce que dit le meſme S.Gregoire, que _cap.5. & in_
ceux qui ont receu en ce monde les plus hauts degrez _1.Reg.cap.20_
tendans à perfection, ſeront plus rudement iugez que _Hom.9.in_
les autres. Que les Moines conſiderent, que *quæ rect à* _Euang._
geruntur à ſecularibus,ſunt delicta monachorum. Deſquels
termes,ie laiſſe l'explication d'aucuns, pour dire, qu'il _ExMaximo,_
y a dedans le monde(parlant à l'ordinaire) des pechez _in capitibus_
veniels qui ſont mortels dans les Cloiſtres; Qu'il y en a _exercitationis._
dedans le monde, *qui ab exteriori ſe apetitu cuſtodiunt,*
& ſpe ad interiora rapiuntur: qui gloriam ſuam non in ho-
nore hominum ponunt , ſed intra conſcientiam contegunt.
Que ces gens là qui ſont demeurez pour n'abandonner le deuoir de charité, duquel ils ſe ſentoiēt obligez
vers leurs pere & mere,eſperent ouïr céte voix,Venez
les benis de mõ Pere, poſſedez le Royaume qu'il vous
prepare.Car i'ay eu faim,& vous m'auez donné à manger: l'ay eu ſoif & vous m'auez donné à boire, & fait
pluſieurs actes de charité: leſquels ne ſe reduiſent pas
à l'extreme neceſſité d'vn pere ou d'vne mere qui
meurent de faim. Ils diſent humblement que tous les
arbres qui portent de bons fruicts ne ſont pas dans

les iardins : qu'ayant vescu dedans l'Eglise sous les commandemens de Dieu & fait selon leur possible ce qui est ordonné à vn Chrestien, ils esperent voir la face de Dieu, *licet* (puis qu'aucuns le veulent ainsi) *non ex propinquo stantes, videbimus tamen prope regalem thronum splendentem. Vbi Cherubin Deum glorificant, vbi Seraphin volant : illic Paulum videbimus cum Petro, & eorum germana charitate fruemur.* Ils disent que pour estre demeurez au monde (où ils ont peu egaler les mesaises qui sont dans les Cloistres) ils n'ont pas eu moins de peines. *Sicut enim grauioris est culpa inter bonos bonum non esse, ita immensi est præconij, bonum etiam inter malos extitisse.* Ils disent encores, qu'il ne faut pas conclure que tous les riches sont meschans, & qu'il n'y aura que les pauures sauuez : ains recognoistre que l'empeschement, lequel les richesses (qui sont vn don de Dieu) donnent à nostre salut, prouient de ceux qui en abusent, comme il y en a plusieurs qui se damnent dans leur pauureté. *Discant diuites non in facultatibus crimen hærere, sed in ijs, qui vti nesciunt facultatibus. Nam diuitiæ vt impedimenta sunt improbis, ita bonis sunt adiumenta virtutis.* Il y a des riches qui n'ont pas tousiours leur esprit en leurs richesses, ny leurs richesses en leur esprit. Ils sont pauures par election (ainsi que les riches qui se font Moines) & non par necessité. Ils sçauent le moyen d'estre plus pauures, quand ils seruent aux pauures, & qu'ils les assistent, puis que celuy qui sert est tousiours moindre que celuy auquel il sert. Ils n'attendent pas de souhaiter ce qu'ils n'ont plus, car ils n'vsent pas de ce qu'ils possedent. Ils n'ont point de douleur, si Dieu pour les esprouuer permet qu'on leur arrache leurs biens, car ils ne leur tiennent point au cœur. Ils disent en leur simplicité, que tous ceux qui seruent à

l'Autel

D. Chrysost. serm. 3L.

D. Greg. lib. I. Moral. cap. I.

D. Ambr. lib. 8. in cap. 19. Luca.

Epist. 9. lib. 2.

l'Autel ne font pas toufiours les plus iuftes, tefmoins les enfans d'Hely. Ils fçauent qu'il faut fuir les occafions de mal faire, mais ils n'ignorent pas qu'il eft bon de les furmonter : n'eftant point affeurez que (comme dit fainct Hierome) dedans le Cloiftre *pe-* *rire non poffunt.* Ils fçauent que fi la vie contemplatiue de Magdelaine eft recommandée, la vie actiue de Marthe n'eft pas tellement condemnée, que pour paffer de l'vne à l'autre, vn fils doiue faire planche du corps de fon pere ou de fa mere, *ambæ enim Domino cohæferunt,* a dit S. Auguftin. Ce qui eft dit, au cas que lon vueille adapter la côparaifon de ces bonnes fœurs à la vie actiue que menent aucuns Chrefties en ce monde, & à la vie contemplatiue ou Monachale que menent ceux qui demeurent renfermez dans leurs Cloiftres : & non felon l'interpretation de S. Auguftin au fermon fuiuant, en ces termes. *Videtis ergo, & magnum aliquid intelligitis (quod audire, & fcire debetis etiam qui non intelligitu) in his duabus mulieribus duas'effe vitas figuratas, præfentem & futuram, laboriofam & quietam, ærũnofam & beatam, temporalem & æternam :* A laquelle afpirent les vns & les autres qui viuent en ce monde, foit dedans vn Monaftere, foit dehors.

Mais difons dauantage : que la vie actiue de Marthe n'a point efté tant mes eftimee, mefme des Moines, ny jugee deftourner les hommes de fuiure Iesvs-Christ, qu'entre les Ordres Monaftiques, aucuns ne difent, qu'ils fuiuent la vie de Marthe, & les autres celle de Madeleine. Si vous demandez à vn bon Pere Chartreux, qui depuis trente ou quarante ans ne fera point forty de fon Cloiftre, & ne fçait autre chemin, que celuy qui le conduit de fa cellule en l'Eglife, au Conuent, ou aux fonctions que fon Superieur luy commande dans iceluy ? Si vous en demandez autant à ceux de l'Ordre de

N

Ep.9.lib.2.

Ser. 26. De verb. Domini.

Sainct Benoist, ou de S. Bernard, qui se sont reformez selon la premiere Institution de leur regle: ils vous respondront, qu'ils viuent la vie de la Magdeleine, estant dans leur Monastere comme dedans vn desert, qu'ils ont en plusieurs endroits porté au milieu des villes. Et si vous demandez à ceux qui sont venus du Mont de Carmel, les successeurs de ces grands Moines Helie & Helisee, que Dieu enuoyoit si souuent vers les Rois pour se mesler des affaires d'Estat: A ceux de l'Ordre de Sainct Augustin; quoy qu'instituez pour Hermites: A ceux de S. François, sous la diuersité de leurs habits : à ceux de Sainct Dominique; aux Peres Iesuites, & autres, la raison de leur conuersation ordinaire dedans le monde, pour y promouuoir le salut du prochain : Ils vous respondront, qu'ils viuent la vie actiue de Marthe. Et si vous insistez leur demandant, pourquoy ils changent si souuent leurs demeures? pourquoy ils sont tant souuent par les chemins pour aller de Conuent en Conuent, ou ailleurs, porter de la consolation à ceux qui les appellent: ils diront sagement, qu'ils viuent la vie des Apostres, laquelle a esté vne perpetuelle action.

D'où ie veux inferer, que plusieurs lesquels sont demeurez au monde, pour n'auoir pas voulu entrer au Cloistre, *per calcatum patrem,* peuuent faire ces fonctiós: Et ainsi imiter la vie des Apostres, qui n'ont point esté Moines; laquelle vie (comme celle de ces deux sœurs) est proposee à tous Chrestiens pour la suiure, comme ils ont suiui IESVS-CHRIST.

Si lon dit, que le chemin de salut est plus dificile à trouuer dedans le monde, & dedans les richesses: Ie respons ce que lon dit ordinairement, que les choses plus difficiles sont les plus belles; puis selon l'esperance que doiuent auoir tous les Chrestiens, *est cœlo qui pandat iter.* Ceux lesquels ne se presumeront point si parfaits que

les autres, diront en toute humilité, *Imperfectum meum* *Pfal. 138.*
viderunt oculi tui, & in libro tuo omnes scribentur : Ils diront auec S. Paul au milieu du monde , *Bonum certa-*
men certaui , cursum consummaui ; & attendront sur ce
la misericorde de Dieu. S'il y a plus de trauail à bien
faire au milieu du monde que dedans vn Cloistre , il en
faut loüer Dieu, *Sudorem posuere dij virtutis ad aram.* Et
se souuenir de ce que N. S. a dit à Sainct Paul, *sufficit tibi*
gratia mea. Ces grands Moines sont loüez de ce qu'ils
ont combatu & surmonté les objects des tentations visi-
bles, & possible palpables , que le diable peut represen-
ter, ou conduire au milieu d'vn desert , ou faire paroi-
stre dans vn Cloistre : mais celui qui est au monde les
rencontre chacun jour, & lors il n'a pas peu d'exercice.
Ceux qui au boüillon de leur jeunesse , ayant *lapidem in*
calceo qui punctitat, entrent aux Cloistres , outre ce que
nous auons remarqué ailleurs qui les y peut pousser, ont
volontiers deux considerations , fort diuerses : Les vns
resemblent les petits enfans , lesquels d'vne grande
promptitude portent le doigt dans la lumiere de la chã-
delle, pour ce qu'elle brille, mais ils le retirent pour ce
qu'elle brusle ; & ceux-là n'y durent pas. Les autres
craignent de ne pouuoir resister aux occasions d'offencer Dieu, s'ils n'entrent dans vn Cloistre, mesme contre
la volonté de pere ou de mere. Mais ils se deuroient
souuenir de ce qu'a dit le Psalmiste : *In quo corrigit ado-*
lescentior viam suam ? in custodiendo sermones tuos. Ce qui
ne se fait pas méprisant les commandemens de Dieu,
qui sunt sermones sui. Comme nous voyons, que quand
on Exode Moyse parle des commandemens de Dieu, il
dit, *Locutusque est Dominus sermones hos.* Et pour cela,
vne Ame pieuse & bonne dit : *In iustificationibus tuis*
meditabor, non obliuiscar sermones tuos. Entre lesquels est
l'honneur & l'obeissance que les enfans doiuent à leurs

pere & mere, & fubordinement le confeil de vendre
tout fon bien, & fuiure I E S V S-C H R I S T.

Voicy encores vn pretexte ordinaire pour excufer
cete des obeiffance, quand apres la faute faite, lon vient
à la fatisfaction. C'eft que les penitences qui fe feront
dedans le Cloiftre, par celuy qui n'ayant pas fceu ce
qu'a dit S. Paul , *iuuenilia defideria fuge* , y fera entré
contre la volonté de fon pere ou de fa mere, pourront
recompenfer cete contrauention faite au commandement de Dieu, & le mépris de fon pere. Mais ie dis qu'é-
cores que cela puiffe eftre veritable, il faut confiderer
le prejudice du tiers, qui eft le pere ou la mere; & ne
faut pas faire le mal, pour le reparer, quand on s'en eft
repenti. Ains il fe faut repentir du mal auant que le faire:
c'eft à dire de l'auoir voulu faire. Auffi à la verité, il faut
aucunesfois beaucoup de mes-aifes dedans le Cloiftre,
pour égaler à la balance la fatisfaction qui eft deüe à vne
fi grande desobeiffance à Dieu, puis au pere & à la mere : Surquoi; fi quelques lourdaux crient, que ie dis que
c'eft vn mal de fe faire Moine, Ie refpons, que ie leur
nie : mais ie dis, que c'eft vn mal de ne pas accomplir le
commandement de Dieu, & desobeir à fon pere & à fa
mere, qui ne commandent rien *contra Deum.* Et en cela
ie ne confonds point le commandement auec le confeil, mais ie prefere auec toute l'Eglife le commandement au confeil, *quod eft medium perfectionis.* Et dis auec
S. Leon Pape, Que dedans le monde, & vfant des moiés
que Dieu nous a donnez, lon peut *impendere virtuti
quod fubtrahimus voluptati.* Nous y pouuons fuiure &
executer le fainct confeil qu'il nous donne : Que les
pauures mangent ce dequoy nous jeûnons : emploions
nous à defendre la vefue ; faifons le profit des pupilles;
confolons les affligez ; appaifons les querelles : Que le
Pelerin foit hebergé; l'opprimé fecouru; le nud reueftu;
le malade follicité : Afin que quiconque d'entre nous

Serm. 2. de ie-
iunio decimi
menfis.

aura facrifié le fruit de fes labeurs à Dieu autheur de tous biens, il merite receuoir de luy la recompenfe du roiau-me Celefte.

Si les exemples valent quelque chofe à ce propos; je dirai brieuement: Que nous ne lifons gueres que des enfans appellez de Dieu à la vie Monaftique, y foient courus fans attendre la volonté & confentement de leur pere ou mere, Chreftiens & Catholiques, ou qu'ils y foient entrez contre leur volonté, & par deffus leurs defences : Mais nous lifons bien, que ces anciens Moines (defquels la faincteté eft tant recommandable) fe font retirez au defert pour feruir à Dieu, & fe font derobez à leurs peres Payens & Infidelles : qui eft le vray fens de tant de paffages alleguez, où N. S. a dit, qu'il falloit preferer fon feruice au pere, à la mere, à la femme, à tous parens, voire qu'il faloit plus aimer fon feruice que fa propre vie. L'exemple en eft au larcin que fit S. Paul *Act. cap.* de Timotee le Difciple, quand il l'emmena auec luy 16. lors qu'il deliberoit de paffer en Afie : Mais la refponce eft dedans l'hiftoire des Actes, à fçauoir que fon pere eftoit Gentil, & fa mere Iuifue, mais fidelle, laquelle n'y faifoit point de repugnance.

Ainfi, pendant la perfecution qui fut fous Dece & Vallerian, Paul (ce grand Hermite & Moine fi recommandable) apres le decez de fes pere & mere, & qu'il eut pourueu à fa fœur en la mariant, fe retira au defert, pour ne pouuoir dedans le monde feruir à Dieu en vne faifon en laquelle, *Volentibus mori non permittebatur occidi*; a dit S. Hierome parlant de ce bon Moine. Son beau-frere le voulut accufer d'eftre Chreftien, pour raifon dequoy (car il faut fouffrir le martyre, mais il ne faut pas s'y precipiter) il fut contraint de s'aller cacher dans le defert, *vbi neceffitatem in voluntatem vertit*, & vfa pieufement de cete occafion pour fe maintenir en la

meditation. Ainſi ce grand Pere des Moines Conuen-
tuels S. Antoine, ne ſe fit Moine qu'apres le decez de ſes
pere & mere, ſe ſouuenant que Dieu n'auoit commandé à Abraham de ſortir de ſon païs, qu'apres le decez
de ſon pere. Ainſi entre ceux qui ſe ſont derobez à leurs
peres infidelles, & qui ſont comme Abraham ſortis *de*
terra, & cognatione ſua; S. Hierome nous met en auant
ce ſainct Moine Hylarion, lequel pour cela il appelle
vne roze fleurie entre les eſpines. Ie ne veux ici repeter
ce que i'ay dit cy-deuant apres S. Hierome, du Moine
Malchus, pour dire que Dionyſius Exiguus, lequel a mis
en Latin la vie du ſainct Moine Pachomius, nous apprend: Qu'eſtant fils de pere & mere Payens, il fut mené
aſſiſter aux offrandes qu'ils alloient faire à vn ſimulacre,
où le diable adoré ſous cete Idole témoigna que cet
enfant ennemi des Dieux le faiſoit taire par ſa preſence:
Qu'eſtant à la guerre, il fut par vne rencontre inſtruit
que c'eſtoit du Chriſtianiſme : que par inſpiration il alla
trouuer Palemon pour le receuoir Moine; mais il n'a-
uoit pas laiſſé vn pere fidelle, ains vn pere de ceux deſquels S. Hierome a dit, *Per calcatum perge patrem*. Et biẽ
qu'il eut auec luy vn grand nombre dē Moines, il ne
ſouffrit jamais qu'ils fuſſent Preſtres : tant eſtoit differente la qualité des Moines d'alors auec ceux qui ſont
à preſent. On peut encores voir en cete relation de la
vie de Pachomius, que la mere de l'vn de ſes Moines
luy alla demander ſon fils. On y peut lire les ſupplica-
tions du fils, & conſiderer, que la mere laquelle alloit
querir ſon fils, demeura Religieuſe en vn Monaſtere de
fẽmes, proche de celuy où il eſtoit. C'eſt ainſi que Dieu
quelquesfois rend parfaites les profeſſions des enfans:
leſquelles ne ſe doiuent jamais commencer, ny continuer contre leur volonté.

Nous liſons encores dedans la vie du ſainct Moine

Geneſ. 12.
cap.

Aſtion, qu'il abandonna pere & mere infidelles, pour
ſe rendre Moine dedans les deſerts. Mais nous liſons
dauantage, que cete heureuſe fuite, & cet abandonne-
ment de pere & de mere, fut cauſe de leur conuerſion:
Car le cherchant ils trouuerent l'occaſion d'eſtre Chreſtiens. Le diſcours ſe peut voir en la vie des Peres.

Il ſeroit fort à propos de deduire icy tant d'autres
exemples, dont l'Antiquité eſt pleine : & ſpecialement
celle de Barlaan & Ioſaphat. Mais le diſcours ſeroit trop
long racontant tant de belles circonſtances qui s'y rencontrent. Il vaut mieux les voir en la vie de ces bons
Moines, eſcrite par S. Iean Damaſcene.

Lib. 1. De vitis Patrum.

Et afin que lon ne penſe pas, que ces heureuſes fuites
de pere & mere infidelles n'aient produit de ſi heureux
effeċts, qu'à l'endroit des hommes : Lon peut voir au
meſme endroit, que la Vierge Eugenia s'eſtant dérobee
à ſes parens pour entrer en vn Cloiſtre, fut cauſe de
conduire Philippe ſon pere, & Claude ſa mere, non ſeulement au Chriſtianiſme, mais au martyre. Le ſembla-
ble ſe lit de la Vierge Eufroſina & de ſon pere, lequel
comme il eſtoit Catholique, ſe fit Moine à l'exemple
de ſa fille. Mais à ces exemples, ie veux en remontant
plus haut y en adjouſter vn autre ; C'eſt cete heureuſe
Vierge Tecla, laquelle inſtruite au Chriſtianiſme par
S. Paul, voyant qu'elle ne pouuoit ſeruir à Dieu entre
les ſiens, elle n'abandonna pas ſeulement ſes pere &
mere, mais auſſi Thamiris ſon mary ; non pour entrer
en vn Cloiſtre, car ils n'eſtoient point encores inſtituez,
ains au martyre. Car aiant eſté accuſee par ſes pere &
mere d'eſtre Chreſtienne, elle ſurmonta le martyre du
feu ; elle appaiſa la rage des beſtes ſauuages, auſquelles
elle fut expoſee, & eſchappa la langue des ſerpens entre
leſquels elle fut iettée : Puis alla faire ſon Monaſtere au
haut d'vne montagne, où elle veſquit iuſques à l'aage

de quatre-vingts dix ans. C'eſt des corps de tels pere, mere, & mary, deſquels il faut faire vne planche pour courir au ſeruice de Dieu. C'eſt de ceux-là deſquels IESVS-CHRIST a parlé, quand il a dit: *Et inimici Domini domeſtici eius.* Cóme il auoit dit auparauant au meſme endroit: *Tradet autem frater fratrem in mortẽ, & pater filium, & inſurgent filÿ in parentes, & morte eos afficient.*

Si ie voulois rechercher ce qui s'eſt paſsé en l'Egliſe depuis cete premiere antiquité ſur ce ſujet, ie trouuerois l'exemple de ce grand Abbé S. Gilles, de S. Bernard, lequel en la profeſſion de ſe faire Moine à Ciſteaux, ne receut contradiction que de ſes freres: De S. Maur, que l'hiſtoire remarque particulierement auoir eſté offert par ſon pere au Monachiſme en l'Ordre de S. Benoiſt: Et ie rencontrerois ce que l'Egliſe nous apprend de ce grand S. Gregoire, à ſçauoir qu'il ne ſe fit Moine qu'apres la mort de Senateur Gordian ſon pere, bien qu'il fut en tel aage, qu'il eſtoit en la fonction des charges publiques, *fungebatur enim prætorio officio,* & tãt d'autres. Mais ie me veux arreſter à deux grans Moines, qui ſont fort renommez, deſquels les diuers exemples pourront ſeruir à noſtre propos. Le premier eſt de S. François, duquel ie parle pour ce qu'ó me dira qu'il s'eſt fait Moine contre le gré de ſon pere: Mais il faut voir s'il eſt vrai; puis, quel eſtoit ſó pere. Il eſtoit fils d'vn auare marchãd, lequel eut tant à contre-cœur les ordinaires aumones que faiſoit ſon fils, qu'il le contraignit meſme de luy ceder ſon bien, qui eſtoit le vray moien de lui faire choiſir cete pieuſe façon de viure qu'il a inſtituée. De façó que nous pouuons dire, que tant s'en faut, qu'il ſe ſoit fait Moine cótre le gré de ſon pere, que ſon pere l'y a pouſſé, plus ſoucieux de ſon bien, que du ſalut de ſon fils: Et de tels peres, il ne faut pas faire grand cópte entrant en Religion. Auſſi eſt-il à noter, que ce rude pere luy aiant

deuant

deuant son Euesque fait quitter iusques à ses habits; ce
bon & humble fils aiant pris en aumone vne cappe à ca-
puchon, on luy dit que de lors en auant il ne diroit plus
mon pere, mais qu'esleuant son esperance à Dieu, il diroit *Pater noster.*

Le second, est de S. Thomas d'Aquin grand personne-
nage & grand Moine. Chacun est d'accord, qu'à sa premiere deliberation d'estre Moine de l'ordre de S. Dominique, sa mere, ses freres, & ses sœurs luy furent fort
long temps contraires, & que nonobstant leurs diuerses
persuasions, & les artifices dont ils vserent, il demeura
ferme en sa resolution. Mais ceux qui voudrót éplucher
les circonstances de cete histoire, trouueront qu'ayant
esté ramené en Italie, il souffrit patiemment toutes les
rigueurs de sa mere, mesme la prison où ses freres le te-
noient. Et qu'écores que par la visitatió des Anges, qu'il
eut en cete prison, il sembla estre appellé par vne vocation extraordinaire: Toutesfois il eut patience jusques à
ce que sa mere inspiree de Dieu (apparemment par les
prieres de son fils) l cût trouué bon: Ce qu'elle declara,
quand elle permit à ses sœurs de le deualer de sa prison,
pour aller faire sa profession entre les mains de S. Iean
l'Allemand, lors general de l'Ordre des Dominicains.
Ce qui confirme ce que i'ay dit cy-deuant, Qu'vn fils lequel pense estre appellé de Dieu à la vie Monachale,
quand il y trouue pere & mere contraires, il doit attédre
que Dieu, qui fait toutes ses actions parfaites, l'ait inspiré
de le consentir, Sans se defier, que cependát il ne se puisse conseruer contre les occasions de pecher qui sont au
monde. Ains qu'il se souuienne, que comme il est plus
difficile de regler sa colere, que de l'euiter: aussi est-il
plus facile d'euiter les voluptez en les fuiant, que de garder la modestie en icelles: Et neantmoins l'vn & l'autre
se peut faire auec la grace de Dieu. Il n'y a que ceux qui

O

se font trouuez dedans les efcadrons en vne bataille, qui fçauent auec quel courage vn vaillant homme va à la charge. Ie dis encores, que contre telle occurrence, & toutes celles qui empéchẽt les vœux Monachaux, il faut prier Dieu, s'affeurant fur fa parole témoignee par S. Mathieu & S. Luc : *Et ego dico vobis : petite, & accipietis, quærite & inuenietis, pulfate, & aperietur vobis. Omnis enim qui petit, accipit, & qui quærit inuenit, & pulsãti aperietur :* Qu'il ne doute point qu'il ne foit exaucé, & que Dieu fera ceffer toutes fortes de difficultez, fi c'eft fon bien & chofe neceffaire à fon falut; puis que N. S. a repeté cete promeffe par fix fois. Et il peut apprendre en ce mefme endroit de S. Luc, que fon pere ne lui dõnera point vne pierre pour du pain, vn ferpent pour du poiffon, ny vn Scorpion quand il luy demandera vn œuf : Qu'il prẽne l'aduis de fon pere, qui ne l'induit point à peché, pour vn bon & falutaire aduis de fon falut. Il ne faut pas en cete occurrence, & pour aller mener vne vie faincte, mais nõ vnique en fon efpece, s'enfuir d'auec fon pere comme vn larron, mais le prier cõme vn enfant, ainfi que nous enfeigne S. Bafile : lequel ne condamne pas comme reprouuez les peres, lefquels du premier coup ne permettent pas à leurs enfans de faire les vœux de Religiõ, mais il les exhorte apres leur auoir fainctemẽt reprefenté les biens qui fuiuent la profeffion de la vie Monaftique, difant : *Cum itaq; tam eximia ijs pofita fint præmia, qui Chrifti militiã fuerint fecuti, age libenti animo, & patres filios fuos, & matres fuas filias ad eam venire patientur, prolemque ipfi fuam vltro ad eã alacriter adducãt.* Cela n'eft pas ofter les enfans aux peres & aux meres contre leur volonté c'eft les prier, pour l'autorité qu'ils ont fur leurs enfans, felon la doctrine de S. Chryfoftome, que lon peut voir en fõ 3. liure, *Aduerfus vituperatores vitæ monafticæ.* Et ces prieres operẽt quand il plaift à Dieu infpirer le pere, vt notã

Math. 7.
Luc. 11.

S. Bafil. in præfatione in Afcetica, feu Monafticas exercitationes.

faciant filijs suis viã, in qua ambulent: qui sera la perfection & l'accompliſſement du vœu des enfans. *Qui enim dedit velle, dabit & perficere*, dit S. Paul. Non pas diſpẽſant les enfans de la crainte reuerentiale qu'ils doiuent à leurs pere & mere, mais inſpirant les pere & mere de cõſentir à ce qui ſera de leur ſalut. Crainte reuerentiale, laquelle monſtre tant l'autorité du pere ſur ſes enfans, qu'elle eſt ſuffiſante pour irriter vne profeſſion ſolemnelle, ſi elle ſe trouue auoir eſté faite par le commandemẽt du pere contre la volonté de ſon fils: Car en cete action l'vn & l'autre doit concurer. Pourquoi donc ſera cete autorité paternelle mépriſee pour empécher que telle profeſſion ne ſe faſſe contre ſa volonté, puis qu'en cela il vſe du pouuoir qu'il a ſur ſon enfant, lequel ſe peut ſauuer dedans & dehors le Cloiſtre, *quãdo leuauerit ſe, ſupra ſe.* Pour cela a dit le meſme Leſſius, *Multi in matrimonio æternam ſalutẽ amiſerunt, qui in religione* (il la prend pour la profeſſion du Monachat) *ſaluati fuiſſent: quidam è cõtra in religione pereunt, qui in matrimonio ſalutem fuiſſent conſecuti: nonnulli pereunt in hac religione* (c'eſt à dire , en ce Conuent, ou en cet Ordre) *qui non periiſſent in alia.*

Ad Philip. 2. 13.

Leſſ. lib. 2. de Inſt. & Iure. cap. 17. dub. 6.

In diſput. de ſtatu vitæ deligẽdo. quæſt. 6. nu. 71.

De cete autorité paternelle reconnue & confeſſee en ce cas, par les anciens Peres de l'Egliſe, i'en veux encores icy raporter vn exemple tiré de S. Ambroiſe. Vne Damoiſelle eſtant ſous la puiſſance de ſes parens & tuteurs, ſe reſolut de ſe faire Nonain voilee en vn Conuẽt de filles: Ce que tous ſes parens s'efforcerent d'ẽpécher auec beaucoup de remonſtrances, entre leſquelles ils lui diſoient: Si voſtre pere eſtoit encores viuant en ce monde, il vous empécheroit de faire les vœux que vous pretendez, & vous pouruoiroit par vn mariage. A quoi cete Damoiſelle reſoluë à la deuotiõ, qui n'auoit plus à parler qu'à des parens collateraux, reſpondit: Poſſible que c'eſt pour cela que Dieu a pris mon pere, afin qu'il ne m'en

Lib. 1. de Virginib. in fine.

O ij

empéchât. Ce propos ne nous doit-il pas faire croire,
que si son pere eut esté viuant, il auoit pouuoir de l'empécher. Si lors on eut tenu pour vne doctrine, que lon
doit ou peut entrer au Cloiſtre *per calcatum patrem:*
Pourquoi diſoit-elle, qu'elle n'eut laiſsé d'y entrer malgré ſon pere ? Certes, il y a grande apparence que ſi S.
Ambroiſe eut creu que cete fille eut peu entrer au Conuent malgré ſon pere, il n'eut point eſcrit de cete façon.

Sur le propos de l'obeiſſance que les ſainctes filles
(dedans le deſir qu'elles auoiét de conſeruer leur virginité, pour à leur decez comparoir deuant Dieu en l'inte-
grité en laquelle Dieu les auoit fait naiſtre) ont porté à
leurs pere & mere Catholiques, ie ne puis obmettre
deux beaux exẽples qui procedẽt d'vne meſme ſouche.
Bulla canoni- Le Pape Boniface IX. nous a témoigné, que cete ſaincte
zationis D. Dame Brigite, & tant celebre par les graces que Dieu
Brigitæ, quam luy a fait en ce mõde, aiant grandement deſiré de ſeruir
dedit Bonif. à Dieu en l'eſtat de virginité, fut perſuadee de ſes pere &
P P. 9. mere d'eſpouſer vn Seigneur nommé Vlpho de Vlpha-
ſum, Chreſtien de profeſſion, & leur obeit. Leur deuotion les porta à ſe reſoudre de viure en continence, laquelle ils garderent vn an entier. Depuis ils eurent en
leur mariage huict enfans, deſquels elle en laiſſa deux
viuans, mourant en l'aage de ſoixante-dix ans, à ſçauoir,
Molanus in Burgherus, & vne fille nommee Catherine. Cete fille,
Vſuardum. laquelle a eſté miſe au nombre des Saincts par Vrbain
die 22. Martÿ. VI. prit reſolution de demeurer vierge : Mais eſtant en
Angelus aage d'eſtre mariee, elle eſpouſa pour obeir à ſon pere
Rocca in Ca- (*voluntati patris obediens*, a dit celui qui nous a laiſſé par
talogo San- écrit le diſcours de ſa vie) vn Seigneur nommé Egard.
ctorum. Neantmoins, comme l'vn & l'autre eſtoiét fort pieux, ils
Surius. To. 2. firent de leur conſentement mutuel vœu de viure cha-
ſtement, & le garderent : monſtrant que lon peut faire
ſon ſalut au monde, meſme par les moiens qui condui-

fent à la perfection, pour ce que la pratique de la pauureté volontaire, & celle de l'obedience fe trouue en
beaucoup de façons en la vie de ces deux Sainctes: Et en
cete derniere on voit, *Thalamos nuptiales immaculato* Lib. de virgi-
feruatos pudore, a dit S. Ambroife. nibus.

Ie fuis fort confolé, quand ie voy dedans les Liures
de ceux qui par vn bon zele voudroiĕt voir tout le mõde dans les Cloiftres, la recommandation de la vie Monachale: quand ie voy, que pour la perfuader lon nous
raporte tant de beaux paffages: A fçauoir, de S. Bernard Serm. Et tenos
en plufieurs endroits, de S. Hierome, de Ioánes Clima- reliquimus
cus, de S. Auguftin, de S. Gregoire. Mais ie ne puis croi- omnia.
re, que tous ces paffages fe doiuent entendre de l'entree Epift. ad He-
en vn Cloiftre, mefme contre l'expreffe volóté de pere liodorum, ad
& de mere: Car bien qu'ils difent, qu'il vaut mieux cõ- Furiam.
trifter fes parens que Dieu, on doit fçauoir qu'il ne faut Gradu. 3.
contrifter Dieu ny fes parés, comme ne font point ceux Epift 38.
lefquels obeiffans à pere & à mere feruent Dieu, & font Lib. 7. Moral.
leur falut dedans le monde. S'ils difent que l'entree du cap. 14.
Cloiftre eft vn bon chemin pour faire fon falut: Ils ne
difent pas, que pour faire fon falut, il eft neceffaire de
toute neceffité d'y entrer *per calcatum patrem*: & qu'on
ne peut eftre fauué fans eftre Moine. S'ils difent, que
c'eft l'efprit de Dieu lequel appelle les enfans à la profeffion Monachale: Ils ne difent pas, que c'eft l'efprit de
Dieu qui les y appelle contre la volonté paternelle. S'ils
difent, que fur cete infpiration il ne faut point longuement deliberer: Ils ne difent pas, qu'il faut foudaine-
ment fe refoudre pour desobeir au pere qui ne commande rien contre Dieu, & vfe de fon droit pour le cas
de neceffité. S'ils difent, que l'amour de Dieu efteint
en nous l'amour charnel, ou pluftoft l'amour naturel
enuers nos parens: Ils ne difent pas, qu'aimant Dieu fur
toutes chofes pour l'amour de luy, nous ne puiffions

aimer pere & mere pour l'amour de Dieu, & non par vn amour charnel, si on veut ainsi appeller l'amour & l'hōneur que Dieu nous a commandé, & que la nature nous a appris : & encores que l'amour de Dieu, & celui du pere Chrestien & bien-viuant ne peut-estre subordinemēt en vne ame capable de salut. Si Clement Alexandrin a dit, que le pere qui empéche son fils d'estre Moine contre sa volonté, reglee par le besoin qu'il a de son fils, fait comme les Barbares pourrir le corps de son fils attaché au sien : il n'a iamais entendu parler du pere qui vaut mieux que son fils, tant qu'il luy sera desobeissant, lors qu'il ne luy commande rien contre Dieu. S'ils disent, que la seule cause de n'obeir aux parens est Dieu : Ils ne disent pas, que quand les parens craignent Dieu à l'egal de leurs enfans, & qu'ils ne commandent rien contre ses preceptes, il ne leur faut point desobeir. S'ils disent, que pour prendre la resolution d'entrer au Cloistre, il ne faut pas suiure l'aduis de pere & de mere, pour ce que le plus souuent, il procede de l'amour de soy-mesme, afin d'auoir compagnie de leurs enfans, que leurs enfãs fassent leurs affaires, gouuernent leur ménage, conduisent leurs procés : qu'ils puissent voir pour leur consolation les enfans de leurs enfans; qu'ils les voient esleuez aux estats & charges publiques, & laisser vne riche maison: Ils ne disent pas, qu'il faut abandonner pere & mere en leur necessité, presente ou imminente & preueüe, ny leur desobeir, quand (sans entrer en toutes ces consideratiōs) ils n'ont autre object de leur cōmandement, que le besoin qu'ils ont de l'assistance necessaire de leurs enfans, (dont ils doiuent estre creus) sans leur oster le moiē de faire leur salut dedans le monde. Au contraire, ils ont dit, Que *aliud est, quod sponte impenditur naturæ, aliud quod præceptis Dominicis, eis ex charitate debetur obedientiæ.*

In Proteptico contra Græcis.

Greg. hom. 27. In Euangel.

S'ils ont cotté les imperfections qui sont au monde, & dit qu'il y a des peres (ce qu'aucuns ont raporté aux aspects du Ciel) lesquels *assiduos ex filijs consequuntur luctus*, leurs enfans les affligeans perpetuellement : Ils n'ont pas dit, qu'il n'entre point de mes-auentures dans les Cloîstres. S'ils ont dit auec Sainct Iean, *Quicquid est in mundo, concupiscentia carnis est, & concupiscentia oculorum, & superbia vitæ* : Ils n'ont pas dit, que les Monasteres, *non erant in mundo*, ores que tous les gens de bien qui cherchent le chemin de perfection doiuent desirer, que *non sint de mundo*. Ie suis trop Religieux pour controller icy les actions des Moines dedans leurs Monasteres : Mais ie n'offenceray personne si ie dis, que mesme les bons escriuains, lesquels d'vn sainct zele emploient leurs plumes pour faire des liures à la recommandation de la vie Monastique, & au mépris indefini du monde, y mettent leur nom, afin que la posterité sçache, que c'est eux qui l'ont escrit. *Ipsi illi Philosophi, etiam in illis libellis, quos de contemnenda gloria scribunt, in quo prædicationem, & nobilitatem despiciunt, prædicari se ac nominari volunt*, disoit Ciceron. Et vn autre : *Nulla est tanta humilitas, quæ dulcedine gloriæ non tangatur.*

    Retournant à ce qu'ont dit les anciens Escriuains de la vie Monachale, i'adiouste que ; S'ils ont dit, que suiuant la parole de Nostre Seigneur, quiconque fait la volonté de Dieu son pere, celuy-là est son frere, sa sœur, sa mere : Ils n'ont pas dit, que le pere lequel declare à son fils son vouloir estre, qu'il fasse son salut auec luy, l'assistant en sa necessité, n'est pas le frere de IESVS-CHRIST, ou pour le moins son Disciple, renonçant au mes-vs des richesses qu'il peut auoir : lesquelles aucunesfois donnent plus d'afflictions à ceux qui les possedent, qu'elles ne leur donnent de contentement.

Iul. Firmicus. lib. 5 cap. 3.

Epist. 1. cap. 2.

In orat. pro Archia Poeta.

Val. Max. lib. 8.

Math. 22.

Luca 8.

S'ils ont dit apres S. Luc, que N. S. à l'aage de douze ans a laissé retourner Ioseph, & la Vierge sa mere, demeurât au Temple pour faire les choses qui concernoient Dieu son Pere : Ils ont bien consideré, que l'Euangeliste adjouste, que retournant auec eux en Nazareth, *erat subditus illis.* Laquelle subiection S. Ambroise a dit, *non fuisse infirmitatis, sed pietatis.* Aussi quand le mesme S. Luc nous raporte les paroles de N. S. disant : *Si quis venit ad me, & non odit patrem suum* : il n'entend point parler des peres, lesquels croians en Dieu, confirment & nourrissent leur enfans en cete creance : mais des enfans desquels les peres ne croient pas en IESVS-CHRIST : puis que S. Iean nous apprend, que *venire ad Christum, est credere in Christum, eiusque fidem amplecti.* Et S. Augustin en cet endroit nous apprend, que hair son pere & sa mere, & encores son ame, est hair les desirs & les affections humaines, qui nous détournent du royal seruice de Dieu. *Qui diligit iniquitatem, odit animam suam,* dit le Psalmiste. Et lors il la faut hair, comme il nous faut arracher nostre œil, quand il nous scandalise. Ce que plusieurs ont fait sans estre Moines malgré pere & mere, & sans estre ingrats de l'amour paternel, puis que par instinct de nostre nature, nous aimons nos enfans plus que nous mesmes. De façon, que comme nous ne pouuons desobeir à nous mesme, il est prodigieux, qu'vn enfant qui a vraiement l'esprit porté à la deuotion, desobeisse à son pere & à sa mere. C'est vn crime de felonnie & impieté, & encores vn crime de leze-Majesté, puis que (côme dit Aristote) *Patris erga filios societas figuram regni habet.* Si la societé des mondains luy déplaist, qu'a-il autre chose à faire, qu'à ne les point hanter ? faut-il pour cela abandonner pere & mere Catholiques, ou attendre leur besoin, pour en les assistant, s'acquiter du deuoir auquel le droit diuin & naturel les oblige ?

Si la

Si la solitude luy agrée, il peut faire vn defert de fon eftude, de fa chābre, de fon cabinet, de fa meftairie, ou du lieu où fa vacation l'attache, pour auoir les chofes neceffaires à l'eftre ou au bien-eftre, participant aux graces que Dieu depart à fon Eglife & en fon Eglife, & y faire fon falut.

Mais, pour n'eftre point ennuieux; puis qu'il eft vray que la profeffió monaftique eft tres-vtile à falut, pour les raifons que tant de grands perfonnages ont deduit en fa recommendatió; confeffonsqu'elle eft vne voye de perfection. Recognoiffons qu'elle nous fait les particuliers difciples de IESVS-CHRIST. Difons (par prefuppofition toutesfois) qu'elle eft tellement necef-faire à falut, qu'il y faut courir *per calcatum patrem* : Car Ciceron nous apprend, que *neceffe eft, fine quo falui libe-* *Inpartitionib.* *ri ve effe nonpoffumus.* Croyons auec ceux qui ont dif-couru fur ce fuiet, que nous deuons donner à Dieu no- *Leffius in dif-* ftre ame, noftre corps, & nos biens exterieurs: Que ces *putat. De fta-* trois chofes fe confacrent à Dieu, *in religione* (que lon *tu vita deli-* interprete la profeffion Monaftique) *non alibi:* Que *fola* *gend. quæft.* *religio Deo fatisfacit:* Que c'eft elle par laquelle nous *11. num. 179.* nous refignons entierement à Dieu. Que pour rien il *Idem. quæft.* ne faut deftourner l'infpiration de celuy que Dieu ap- *8. num 90.* pelle, & que le diffuader eft vn peché mortel. Si tout cela eft veritable: Si le falut de ceux qui demeurent au monde fans eftre Moines, eft tant douteux, & s'il y a fi peu d'efperance; fi la vraye charité, qui nous conioint à Dieu, n'eft que dedans les Cloiftres: Il s'enfuit, qu'aux moins il y faut receuoir tous ceux qui ont céte infpira-tion, & lefquels pour l'effectuer fe prefentent à fin d'y eftre receus: Et encores que les en deftourner, & les re-fufer, eft vn peché mortel: pour ce que c'eft eftoufer en eux l'efprit de Dieu qui les y conduit; car ceux qui font renuoyez au monde n'y font pas fouuent grand profi: en l'Eglife de Dieu.

Ie demande maintenant par forme d'inftruction feulement. Pourquoy les fuperieurs des Côuens & autres maifons Monaftiques ne reçoiuent-ils indifferemmēt tous ceux qui fe presētēt pour eftre Moines, & lefquels tefmoignent leur zele, & affeurent la fainéte infpiration qui les y conduit? Pourquoy en quelques endroits, choifit-on celuy qui a le plus bel efprit, ou qui eft de meilleure maifon? Pourquoy renuoyent-ils ceux qui fe trouuent defeétueux en leurs corps, qui font maladifs, ou qui ont l'efprit trop groffier? Faut-il que ceux qui font infpirez de fe faire Moines foient priuez de ce moyen de faire leur falut, & d'y entrer pour y paruenir en la voye de perfeétion, pour ce qu'ils n'ont affez de fanté corporelle, ou l'efprit affez releué? Faut-il pour cela les refufer à l'entrée, ou les renuoyer pendant le temps de leur nouitiat, & en quelque endroit, apres auoir confommé vne bonne partie de leur âge en céte profeffion, & fait les vœux effentiels de la vie Monaftique: Et en ce faifant les precipiter de rechef dans le monde, contre leur infpiration, puis qu'on dit que le falut y eft fi douteux? Le defaut naturel d'eftre borgne ou boiteux, lequel n'empefche pas les fonétions de la vie Monaftique, eft-il plus à blafmer que la volontaire def-obeïffance enuers le pere & la mere, qui ne commandent rien contre Dieu? Si pour entrer au Cloiftre il eft permis de mefprifer, ou pour le moins amoindrir le commandement de Dieu, & y courir *per calcatum patrem fidelem*, pourquoy prend-on garde de fi prez à quelque defaut corporel, qu'aura celuy que Dieu appelle, mefme qui s'y prefente auec le gré & confentement de pere & de mere? L'accompliffement du confeil Euangelique, que lon dit eftre neceffaire à falut, ioint auec l'execution du commandement de Dieu, touchant l'honneur deu au pere & à la mere, n'eſt-il fait que pour ceux qui ſont entiers de corps & d'eſprit, & de parfaicte ſanté ? Ou bien s'il n'y a que les defe-ctueux ou maladifs qui ſont tenus d'honorer & aſſiſter leurs pere & mere, & leur obeïr de ſe tenir au monde, pour ne point entrer en céte voye de perfection, qui conduit à ſalut ? Le pere de famille n'a-il pas comman-dé qu'on fit entrer en ſon banquet les borgnes & les boiteux ?

Si lon dit que receuant ce refus ils ont la gloire & le merite de l'auoir deſiré : Certes ce ſont des velleités ſās effect, & non des bonnes volontez, deſquelles le ciel ſe remplit : mais cela ne deſcharge pas la conſcience de ceux qui diſent qu'il faut courir au Monachat *etiam per calcatum patrem*, ou que c'eſt vn peché mortel de diſ-ſuader vn fils d'entrer en vn Cloiſtre contre le gré de pere & de mere. Si on adiouſte qu'vn Conuent ne doit point eſtre chargé d'vn Moine maladif ou imbecille : Ie reſpōs qu'il eſt veritable : mais i'adiouſte de ma part, qu'il ne faut donc pas dire que le Monachat eſt neceſ-ſaire à ſalut, ou dire en quel lieu les maladifs ou imbe-cilles pourront eſtre Moines.

Voicy vne autre difficulté ſur laquelle ie deſirerois auoir pareille inſtruction. Puis que céte profeſſion du Monachat, & céte vie retirée hors le monde eſt tout neceſſaire à ſalut, que c'eſt peché mortel de la diſſua-der, & crime de ne pas ſuiure céte inſpiration. Puis que ces vœux nous ouurent le chemin pour entrer en la voye de perfection. Puis que demeurer au monde eſt indefiniment mettre ſon ſalut en hazatd, car ceux qui mettent le Monachat en neceſſité apres l'inſpiration, en parlēt indefinimēt : Pourquoy eſt-ce qu'en l'inſtitut de la Société des Peres Ieſuittes (qui eſt ſi bien reglée) il eſt permis *de diſpenſer ceux qui ont fait les trois vœux*

En la lettre d'vn P. de la comp. de Iesvs contre Theophile Eugene, imprimé à Ormeuille 1615.

de Chasteté, Pauureté & Obeïssance, essentiels au Monachat, *quand le cas y eschet ayant iuste cause; ce qui aduient en deux manieres. La premiere quand ils se rendent vitieux, ou qu'ils sont pernicieux à la communauté. La seconde, quand il aduient quelque accident ou de maladie, ou des parens, ou quelque autre rencontre, auquel on iuge qu'il est plus à propos & à la gloire de Dieu, qu'vn tel soit dispensé & absous de son vœu, mesme quand il le demande?* Pourquoy quand on a demandé comment ces profez qui auront esté dispensez pourront viure au monde où ils sont renuoyez, a-on dit pour responce, *Que s'ils sont gens de bien hors de la Compagnie, & veulent trauailler, ils trouueront tousiours des parties sortables pour honorablement gagner paradis & leur vie?* N'est-ce pas dire apertement que lon peut honorablement gagner paradis sans estre Moine? Car si estant dispensé de ses vœux & renuoyé au monde, on peut honorablemẽt gagner paradis & sa vie; il est certain qu'on le peut faire sans y entrer pour estre rẽuoyé, & sans faire les vœux. Cela ne monstre-il pas que le pere qui ne veut point que son fils soit Moine, ne luy oste point le moyen d'honorablement gagner paradis & sa vie? Et s'il y a des iustes causes de dispẽser vn profez, n'y a-il point de iuste cause qui puisse empescher qu'vn fils soit profez contre la volonté de son pere & de samere?

2. p. chap. 2. §. 3.

Ces dispences de profession (appellées dedans la Regle des PP. Iesuites *dimissions*) sont fondées principalement sur quatre considerations. A sçauoir, l'honneur de Dieu : le bien de la communauté, le bien du particulier, & l'interest du tiers. Ie veux qu'elles soient toutes iustes, puis que tant de saincts Papes les ont approuuées, & que tant de bons personnages les ont suiuies. Laissons les trois premieres, & prenons la quatrieme, qui appartient le plus à la presente question. Les

Le P. Tacon en la declaration de

exemples que lon donne de cete quatriesme con-

fideration font, l'obligation du mariage, ou le paye-
ment des grandes debtes recelées à la profeſſion.
Or ſi l'obligation d'obſeruer le commandement de
Dieu d'honorer pere & mere Catholiques, eſt moins
obligatoire que celle du mariage, qui rencontre tant
d'exceptions; au lieu qu'on ne peut exciper contre le
commandement de Dieu: Et ſi celuy qui pour entrer
en vn Cloiſtre cele ſes debtes, offence plus que celuy
qui cele à ſon ſuperieur, lequel le reçoit (poſſible trop
prōptement)qu'il y entre contre la volōté de pere ou
de la mere Catholiques, & qu'il les abandōne par meſpris, i'en laiſſe le iugement aux plus ſages. Car ie ne ſuis
point opiniaſtre en cōſeillant ce que Dieu a cōmandé.

Encores, ſi c'eſt cħoſe neceſſaire ou pour le moins
treſ-vtile à ſalut d'eſtre Moine: n'eſt-ce pas vn œuure
licite & charitable de la perſuader à vn chacun: puis
que la charité nous oblige tous de deſirer le ſalut les
vns des autres? Neantmoins (diſent les Peres Ieſuittes)
magna in noſtra Societate eſt cautio, ne quis Confeſſarius pœ-
nitentem ad huiuſmodi vel alia vota emittenda inducat. Si
(comme ils ont dit ailleurs) c'eſt vn peché mortel de
l'empeſcher ou le diſſuader: Pourquoy eſt-il deffendu
de le perſuader? Ce que ie ne dis point, pour diſſuader
d'eſtre Moine, quand toutes choſes y concurrent; ma
conſcience & ma profeſſion de la religion Catholique
Apoſtolique & Romaine y reſiſte: mais pour diſſua-
der de l'eſtre contre la volonté de pere & de mere Catholique, qui ne veut point oſter à ſon enfant le moyen
de faire ſon ſalut ſans les abandonner.

Mais ne nous arreſtons pas ſeulement aux Statuts de
l'ordre des Ieſuites; puis que lon peut diſpencer aux
autres ordres, pour diuerſes conſiderations qui ſont ra-
portées par S. Thomas, meſme des vœux ſolemnels: Et
que telles diſpences ont eſté dōnées par les ſouuerains

Euefques de l'Eglife. Difons vn mot des difpences qui ont efté données aux Moines, & aux Moines preftres, mefme aux filles voilées & profeffes : fans toutesfois vouloir entrer au difcours du pouuoir de ceux qui difpenfent, ou des caufes pour lefquelles ils difpenfent. Le Pape *Benoift* IX. difpenfa Cazimir Moine de Cluny de fes vœux Monaftiques, pour accepter le Royaume de Pologne : lequel il tranfmit aux enfans qu'il eut de fon legitime mariage : d'où en demeure la couftume aux Polonois de porter leurs cheueux en Couronne. Ainfi Ramyris, ou Remy fut Roy d'Arragon, enuiron l'an 1160. Ainfi quelques-vns ont efcrit qu'Alexandre III. difpenfa Nicolas Guftinian Moine profez de fe marier, pour conferuer le nom de cete famille. Conftance fille de Roger le Normand Roy de Sicile profeffe, fortit du Conuent de Palerme par la difpence de Celeftin III. âgée de plus de cinquante ans, pour eftre mariée à Henry VI. auquel elle porta en mariage le Royaume de Sicile : Et en l'âge de cinquante fix ans elle mit au monde Federic fecond, en fon temps le fleau du S. Siege, le deftructeur de tant de Monafteres en Allemagne. Maintenant quelqu'vn pourra-il dire que les Papes ayent tiré ces perfonnes du monaftere (l'entrée daquel lon nous fait tant neceffaire à falut, que chacun infpiré d'y entrer, y doit courir *per calcatum patrem*) pour les faire fortir hors la voye de perfection, & le chemin de leur falut ; les precipitant de rechef dedans le monde : où lon dit que le falut fe trouue fi difficilement ; mefme pour y porter des couronnes : puis qu'entre les conditions des hommes qui ont le falut de leurs ames pour obiet, la pire eft celle de ceux aufquels toutes chofes font permifes?

Ceux aufquels Dieu a fait cete particuliere grace, d'ētrer par la grāde porte (c'eſtà dire sās aucune cōtrarieté

Mathias Methouienfis lib. 2. Chro. Polon. cap. 13. Chromerus li. 4. Ann. Polon. Append. ad Chronic. Tigiberti.

Chron. Hirfangen.

dedans les Cloiſtres,& y viure religieuſemēt,ſans ſcru-
pule d'auoir manqué à leur deuoir; ſçauent bien tous
les exemples qui ſe peuuēt raporter ſur ce ſuiet. Ils ſçauent qu'vne infinité de ces bons Religieux,és premiers
temps de l'Egliſe , ſe ſont retirez bien ieunes dans les
deſerts,& depuis dans les Conuents:Auſſi ſuis-je d'auis
que quand il n'y a point de contrarieté , & que Dieu a
rendu céte inſpiration accomplie de toutes parts , on
n'y ſçauroit entrer trop toſt.Mais la queſtion eſt. *Si l'enfant,en quelque âge que ce ſoit doit entrer contre la volonté
de pere & de mere.* Ce qui depend de diſcerner le commandement de Dieu,à ſçauoir d'obeïr à pere & à me-
re:du conſeil Euangelique,qui eſt de vendre ſon bien,
en donner le prix aux pauures,& ſuiure Dieu.Si tant eſt
que ces mots de *ſuiure Dieu* , ſe doiuent reſtreindre à la
ſeule entrée du Monaſtere.

Surquoy ie ſuis deliberé de conclurre le cōſeil que
ie donne,par l'aduis de S.Gregoire. *Quod præcipitur,im-*   Greg.in Epiſt.
peratur : quod imperatur,neceſſe eſt fieri : ſi non fiat, pœnam   ad Iouinia-
habet: vbi conſilium datur,offerentis arbitrium eſt: Vbi præ-   num.
ceptum,neceſſitas eſt ſeruientis vt obediat , vel imperantis,vt
ei obediatur. Auquel i'en adiouſte vn autre de S.Augu-   Aug.in En-
ſtin en ces termes. *Quæcunque mandat Deus , ex quibus*   chir.cap.121.
vnum eſt, non mœchaberis; & quæcunque non iubentur, ſed   Tom.3.
ſpeciali conſilio mouentur,ex quibus vnum eſt:Bonum eſt ho-
mini mulierem non tangere : tunc rectè fiunt,cum referuntur
ad diligendum Deum,& proximū propter Deum, & in hoc
ſæculo,& in futuro. Et pour le regard de la virginité qui
recommande tant ceux & celles qui entrent dans les
Cloiſtres ,& dedans laquelle ſe trouue le martyre, vn   Ambroſius.
autre paſſage de S.Ambroiſe Canoniſé par Gratian.   Lib.10. De
Integritas corporis expetenda à nobis eſt:quam ego pro conſi-   virginibus.
lio ſuadeo,non pro imperio præcipio.Sola enim eſt Virginitas,   Can.Integri-
quæ ſuaderi poteſt:imperari non poteſt:Res magis voti,quàm   tas.32.quæſt.1
præcepti eſt.

De là, ie veux inferer deux chofes. L'vne que c'eft vn erreur (ce que ie dis fans vouloir offencer perfonne) d'affermer que le confeil Euangelique de vendre fon bien, & en donner le prix aux pauures, foit plus grand & plus preciz, que l'obligation que nous auons d'accomplir les commandemens de Dieu à peine de peché mortel, puis que l'ordonnance en eft conceuë par ce mot *Nifi*. Entre lefquels eft le commandement d'obeïr à pere & à mere ne commandant rien côtre Dieu. Le iugement de laquelle obeïffance depend (comme nous venôs de voir de S. Gregoire) de celuy auquel elle eft deuë & nô de l'aduis problematique de ceux, qui fur diuerfes confiderations confeilleront diuerfement. Sur quoy il eft à noter, que la grandeur de ce confeil Euágelique eft en ces mots, *pour fuiure* IESVS-CHRIST; Ce que ne feront iamais ceux qui n'obeïffent pas à fes commandemens.

L'autre, que quand N.S. a adioufté le confeil de perfeétion à l'accompliffement de fes commandemens, il n'a pas aneanty le commandement d'accôplir les preceptes efcrits de fon doigt ; entre lefquels il auoit mis, l'obeïffance deuë au pere & à la mere. Car le confeil de perfeétion fuppofe l'accompliffement des preceptes: qui eft le vray feruice que nous deuons à Dieu: puis que le feruir eft l'aimer, & la preuue de l'amour que nous luy portons eft l'obferuance de fes commandemens: Ce qu'a voulu donner à entendre le Prophete Roy, quand il a dit. *Beatus vir, qui timet Dominū* : car il adioufte, *quia in mandatis eius cupit nimis.* C'eft pourquoy il faut remarquer que quand IESVS-CHRIST a dit. *Si tu veux eftre parfait*, il l'a dit à celuy lequel affeuroit qu'il n'auoit point manqué à l'obferuation des commandemens, qui eft le vray eftat de la perfeétion, qu'il n'auoit point obmis les œuures de la Charité: laquelle fi elle ne
fe pra-

ſe practique point à l'endroit du pere & de la mere, en
ſeruāt à Dieu, ie ne ſçay point où elle ſe doit chercher.
Toutesfois l'Eſcriture nous apréd, que ſi ie donne tout
ce que i'ay aux pauures, & que ie manque de charité,
cela ne me profite de rien.

Or afin que ie ne ſemble eſtre ſingulier en mon aduis & cõſeil, lequel (poſſible) n'agreera pas à ceux qui y
auront intereſt: l'adiouſteray l'opinion d'vn bon pere
bien inſtruit en ce qui concerne les vœux de la vie Monaſtique, car il en a fait vn traicté exprez. C'eſt le P. Leſſius Ieſuite, duquel i'ay cy deuant parlé. Apres auoir
tranſcrit au long ce que pluſieurs des anciens Docteurs
de l'Egliſe ont dit, pour exciter la deuotion des enfans,
& perſuader aux pere & mere de trouuer bon que leurs
enfans entrent dans les Cloiſtres pour y profeſſer la vie
Monaſtique, il adiouſte, parlant de l'opinion de S. Bernard. *Acriora quidem iſta videri poſſent, niſi à tanta ſapien-*
tia & ſanctitate eſſent profecta. Et vn peu apres. *Neque*
tamen mens ipſius eſt, vt paßim tam acriter illis ſcribatur: ni-
ſi quis videat ſe in grauia ſalutis pericula illorum importuni-
tate conyciendum (ce que ne font point les peres qui
monſtrent à leurs enfans le moyen de ſe ſauuer au mõde) *aut illi finem ſollicitandi non faciant.* Ailleurs interpre-
tant comment il faut haïr pere & mere pour eſtre diſciple de IESVS-CHRIST (c'eſt à dire bon Chreſtien)
il dit, qu'il les faut haïr *quatenus conantur abducere à recta*
fide, vel pertrahere ad aliquid, quod ſit peccatũ. Et telle eſt la
doctrine de S. Thomas & des autres ſaincts Docteurs.
Car celuy lequel pour cõplaire à pere ou à mere aban-
donne la religion, celuy-là eſt iuſtement reputé, moins
aymer IESVS-CHRIST, que ſon pere & ſa mere. Et
celuy qui commet le peché pour cõplaire à ſon pere,
n'eſt point diſciple de IESVS-CHRIST, ains idolatre
de ſon pere. Mais nul ne dira que ce ſoit peché à vn en-

Q

fant de famille, ou qui a encores pere ou mere, de n'e-
ſtre point Moine contre leur volonté, nonobſtant l'inſpiration qu'il croit auoir; puis que cete inſpiration en
vn homme maladif (comme ſouuent il arriue) eſt ſuiet-
te à la diſcretion des ſuperieurs qui le renuoiront nonobſtant ſon inſpiration, auſſi toſt qu'ils auront apper-
ceu qu'il eſt maladif.

En vn autre endroit, diſcourant ſur les conſiderations, qu'il faut auoir deuant que ſe reſoudre à la vie
Monaſtique, il dit: Que la ſeptieſme conſideration qui
doit empeſcher les enfans de ſortir du monde, *eſt parentum inopia.* Et à ce qu'on ne penſaſt pas qu'il parloit
ſeulement des peres pauures & neceſſiteux, leſquels
n'ont moyen de viure, il adiouſte; *hæc legitima eſt: imò
ea præſente, vel etiam imminente filius intrare non poteſt, ſed
debet in ſeculo manere, vt parentes alat* (nous auons cy deuant dit, où s'eſtend ce mot *alat. Ad hoc enim iure naturæ & diuino tenetur. Præcipit enim Dominus; honora patrem
tuum & matrem. Qui honor non ſolum in obediendo, & de-
ferendis reuerentiæ ſignis ſed etiam (& quidem præcipuè) in
præbendo ſubſidio vitæ neceſſario conſiſtit.* Surquoy il allegue l'opinion de S. Hierome & de S. Ambroiſe.

Neantmoins ce bon Pere qui n'a tranſcrit dedans
ſon traicté que les pieuſes perſuaſions des anciens Docteurs de l'Egliſe, n'ignoroit pas les Canons du X. Concile de Tollede, & de celuy de Tribut raportez par
Gratian, car il les a cotez au commencement de ſon
traicté. Mais auſſi eſt-il à preſumer, qu'il n'a pas ignoré,
que le X. Concile de Tollede a eſté tenu enuiron l'an
650. & celuy de Tribut enuiron l'an 895. ſi c'eſt le premier. Et qu'il y a à preſent, (en ce qui concerne le Monachat, & le moyen qu'ont les enfans d'aſſiſter pere &
mere) des conſiderations grandement diuerſes à celles
qui eſtoient il y a mil ou huit cens ans, comme nous

auons remarqué cy deſſus. Et S. Gregoire nous aprend: *Regulas ſanctorum patrum pro tempore, loco, & perſona, & negotio inſtante neceſſitate, traditas eſſe.*

Ainſi S. Hierome eſcriuant ſur ce propos, dit: Qu'il faut en telle matiere diſcerner les lieux, le temps, & les perſonnes, quand les Conſtitutions ont eſté faictes; afin qu'à l'exemple des mauuais Chirurgiens, on n'applique point vn meſme onguent ſur toutes ſortes de playes. En effect ie ne dis pas que les enfans qui ont pere ou mere ne doiuent iamais entrer dans vn Cloiſtre ſi le pere ou la mere ne les y chaſſent: mais ie dis que les enfans qui y trouuent de la contradiction du pere ou de la mere doiuent auoir patience, & prier Dieu de tout leur cœur qu'il plaiſe à ſa bonté leur donner l'inſpiration de les y conduire, quoy que ce ſoit auec regret d'eux priuer volontairement de la compagnie de leurs enfans, les offrans à Dieu; comme Samuël y fut offert par ſa mere.

Ie ne veux pas contredire les ſaincts diſcours qu'il en raporte, ils ſont trop pleins de deuotion: mais ie veux ſur mon propos en dire vn plein de pieté. Nous auons cy deuãt parlé d'Anthuſe mere de S. Iean Chryſoſtome, & auons dit quelque choſe des remonſtrances qu'elle fit à ſon fils: mais elles ſont belles en l'original, & pour ce ie les veux icy deduire briefuement. Le ſainct Docteur dit, qu'ayant acheué ſes eſtudes à Athenes il retourna à Anthioche, où il fut perſuadé par vn ſien amy deſe faire Moine. Il dit qu'il s'excuſa fort long temps, nõ ſur ſa ieuneſſe, car il auoit plus de vingt cinq ans, non ſur ce qu'il ne vouloit deſplaire à ſon pere, car il eſtoit decedé, non au regret qu'il auoit de laiſſer ſes amis, car c'eſtoit pour aller auec ſon bon amy: Vne ſeule femme (dit-il) m'a retenu, car elle eſt ma mere, & m'a retenu auſſi toſt qu'elle me parla en ces termes. *I'eſtois.*

Can. Regula
ſanctorum.
Diſt. 19.
In Epiſt. ad
Epheſios.

Lib. 1. de Sa-
cerdotio.

encores *aſſez ieune & aſſez belle quand ie me reſolus de ne me point marier pour vne ſeconde fois , afin que i'euſſe plus de moyen de vous eſleuer, inſtruire, auancer, & vous mettre plus à voſtre aiſe : maintenant pour la recognoiſſance & recompenſe de tant de biens-faits, vous auez bien le courage de m'abandonner, & de me meſpriſer: me reietter en vn ſecond veſuage, & renouueler mõ deuil qui eſtoit à demy paſſé! En quoy vous ay-ie manqué, ou en quelle choſe vous ay-ie fait tort? Si vous auez enuie d'eſtre Moine, pourquoy faut il que ce ſoit de mon viuant? Où eſt céte voix de N. S. qui vous crie, Enfant obeïſſez à Anthuſe? Certes, c'eſt bien obey, que de donner de la faſcherie à ſa mere. Quand vous aurez fait toutes choſes pour moy, vous ne m'aurez pas rendu mes douleurs, ny les trauaux que i'ay ſouffert pour vous ; vous ne m'aurez pas rendu la complaiſance que ie vous ay rendu vous nourriſſant, la nourriture que ie vous ay donnée quand vous la tiriez de mes mamelles. Vous ne m'aurez pas rêdu la faim que i'ay endurée pour vous, depeur de manger quelque choſe qui vous nuiſit, ou alteraſt le laiĉt de voſtre nourriture. I'ay ieuſné pour vous, i'ay mangé pour vous, pour vous ie n'ay pas mangé ce que ie deſirois & ay mangé ce que ie ne voulois point. I'ay veillé pour vous ; i'ay pleuré pour vous, & maintenant vous m'abandonnez!* I'ay flechy (dit S. Iean Chryſoſtome)eſtant vaincu par la reuerence que ie deuois à ma mere. Ces paroles à la verité ſont des paroles d'vne femme, mais ce ſont les paroles d'vne mere, qui ont flechy vn grãd Doĉteur de l'Egliſe, lequel n'a pas dedaigné de les repreſenter à la poſterité. Et ce qui ſuit, parlant de luy meſme, eſt encores fort cõſiderable. *Ie recognois (dit-il eſcriuant à cét amy) que ie ne vous ay pas tenu promeſſe, ſur ce qu'eſtans compagnons d'eſtudes à Athenes nous auions reſolu de viure enſemble, mais ie n'ay pas manqué à ma foy de ma propre volonté: la loy a ſurmonté la foy :* C'eſt à dire , que la loy qui me commande d'honorer pere & mere a esté plus forte que la loy de nostre amitié. Il n'a pas seulement escrit en cét endroit ce qu'il pensoit sur ce sujet; mais il fait bon voir ce qu'il escrit pour la consolation du Moine *Stagirius*, lequel estoit vexé du Diable qui luy reprochoit qu'il s'estoit rendu Moine contre le conseil de son pere. Et pour ce ce grand Docteur le nomme *Monachum obrepritium.* Si ie ne craignois d'estre ennuieux (ores que ce soit en vne belle matiere) i'adiousterois en cét endroit ce qu'en ont escrit S. Ambroise, & S. Augustin ces deux grandes lumieres de l'Eglise : mais il est temps de finir.

Lib. De pro-
uidentia.

Lib. 1. de Vir-
ginibus.

Aug. Epist.
109. 110. &
233.

Voyla (MONSIEVR) le conseil que ie donne sur la question que vous m'auez proposée par vostre lettre : où i'ay vn peu estendu mon discours, non pour amoindrir l'honneur du Monachat, que lon ne sçauroit assez priser quand il est bien circonstantié; mais pour faire souuenir à ceux qui viuent hors les Monasteres, qu'il n'y a point de pretexte pour s'excuser de faire leur salut dans le monde, y trouuant le chemin à la perfection, ce qui n'est pas impossible, *in carne ambulantes, non secundum carnem militantes* : & dire à ceux qui les méprisent, *sicut ipsi Christi sunt, ita & uos.* Vous m'auez escrit, pour celuy que ie ne cognois point, puis que vous ne me l'auez nommé. Mais ie m'asseure que ce personnage a vne bonne ame, puis qu'il demande auec tant de deuotion, vn sainct conseil en vn affaire de si grande importance. Si vous m'eussiez fait l'honneur de me le faire cognoistre, i'eusse encores donné vne heure de mon loisir, pour luy enuoyer par vne missiue de belles paroles sur vne tant belle matiere. Ce que ie feray s'il le desire : à present, ie luy enuoye des raisons qui le pourront ayder à prendre sa resolution. Ma plume se fut portée à dis-

2. ad Co-
rinth.20.

Q iiij

courir, fur le conseil qu'on doit donner au pere &
à la mere en telle concurrence, si i'en euffe esté enquis: Et encores, fur vne autre question, laquelle
femble auoir quelque connexité auec la presente: à
fçauoir si le vœu de profession Monachale fait par
vn enfant pubere ayant pere ou mere Catholiques,
contre leur volonté peut ou doit estre irrité. Mais
céte question tant rebatuë m'a femblé vrayement
Scholastique: pour ce ie l'ay laissée à ceux qui en font
profession: car il la faudroit traicter par les opinions
des Summistes : c'est à dire, raporter en vne longue
liste les opinions des autres & ne dire iamais la sien-
ne, ce qui n'est point coustumier à ceux de nostre
profession. Aussi n'ay-ie pas esté enquis, *quid liceat,
fed quid expediat*: Et nous n'ignorons pas que *omnia,
quæ licent, non expediunt*. C'est pourquoy ie n'ay pas
dit, ce que le fils peut faire, mais ce qu'il doit faire pour
n'offencer Dieu faisant contre son commandement,
la nature, les loix diuines & humaines, & fa mere. Ce
que ne font pas tous ceux qui voüent le Monachat,
mais, (à mon aduis, que ie fubmets à la difcipline de
l'Eglife) ceux qui le voüent contre la volonté de pere
& de mere, tels que ie les ay defcris. Ioint que vostre
lettre m'a trouué en ma maifon des champs auec ma
famille, loin de mes liures, & de toute conuerfation de
gens de lettres, où pendant ces dernieres feftes ie m'a-
mufois aux honneftes exercices de ceux qui demeurent hors des villes, & font *procul à negotÿs* de petits
Rois en leurs villages. Or puis que vous ne doutez
point, que vous auez acquis fur moy toute puiffance,
vous pouuez affeurer ce bon perfonnage de mon amitié: Car ie fuis

*Vostre bien humble
feruiteur.*

PRIVILEGE DV ROY.

OVIS PAR LA GRACE DE DIEV ROY DE FRANCE ET DE NAVARRE; A nos amez & feaux Conseillers, les gens tenans noftre Cour de Parlement à Paris, Preuoft dudit lieu, & à tous nos autres Iuges ou leurs Lieutenants à qui il appartiendra, Salut. Noftre bien aymé FRANÇOIS IACQVIN, Imprimeur & Libraire à Paris, nous a fait remonftrer qu'il defireroit faire imprimer vn liure intitulé, *Confeil fur la queftion fi vn Enfant pubere ou impubere, ayant Pere ou Mere Catholique doit faire profeßion de la vie Monaftique contre l'expreffe volonté de fon Pere ou de fa Mere*: mais doubte que autres Libraires le fiffent imprimer, qui tourneroit à fon grand prejudice, Nous requerant à cefte noftre prefente permiffion. A CES CAVSES nous defirans fubuenir au fuppliant, auons permis & permettons audit fuppliant d'imprimer ou faire imprimer, vendre & diftribuer par tout noftre Royaume ledit liure, fans que autres que ledit fuppliant pendant l'efpace de trois ans, à compter du iour qu'il fera paracheué d'imprimer. Faifant deffences à tous Libraires & Imprimeurs de faire imprimer ledit liure pendát ledit téps, fur peine de côfifcation defdicts exemplaires, cinq cés liures d'amendes, moitié applicable à nous, & l'autre moitié audit fuppliát, & de tous defpens dómages & interefts, à la charge toutesfois qu'iceluy fuppliant fera tenu mettre deux defdits exemplaires dans noftre Bibliotheque, Voulons en outre que ces prefentes attachée au commencemement ou à la fin dudit liure, foient tenuës pour fignifiées & notifiées à tous qu'il appartiendra, à ce qu'ils n'en pretendent caufe d'ignorance : CAR TEL EST NOSTRE PLAISIR. DONNE' à Paris le 27. iour de Iuin, l'an de grace 1626.
Et de noftre regne le dix-feptiefme.

Par le Confeil.

DELORME.